KB199199

게으르게 살지만
부자는 되고 싶어

게으르게
살지만

출근하지 않아도
월급 받는 삶 만들기

부자는
되고 싶어

예프리 지음

모티브

개인적으로 제가 좋아하는 찰리멍거의 말이 있습니다. 이 책을 읽어나갈 여러분의 삶도 계속 오르막이길 기원하겠습니다.

"배움을 멈추지 않는 사람의 삶은 계속 오르막이다."
-찰리 멍거

가장 똑똑하지도 않고 가장 부지런하지도 않지만 꾸준히 노력하는 사람들의 삶이 발전하는 것을 자주 봅니다. 그들은 아침에 깨었을 때보다 조금은 더 현명해진 상태로 밤에 잠자리에 듭니다. 이처럼 배움을 멈추지 않는 사람들은 매일 매일 조금씩 발전합니다. 그리고 어느 순간 임계점을 넘는 순간, 폭발적으로 성장하기 시작하죠. 삶은 깁니다. 조금씩 배우고 성장한다면 분명 삶은, 여러분에게 좋은 결과로 보답할 거예요.

프롤로그

'내가 좀비랑 다를 게 뭐지?'

나는 좀비물 마니아다. 킹덤, 워킹데드, 부산행, 반도, 웜바디스 등등. 안 본 좀비 시리즈를 찾기 힘들 정도다. 꼭 등장하는 빌런들, 이기적으로 굴다가 전체를 위험에 빠뜨리는 사람, 내 가족과 친구가 좀비로 변하는 걸 지켜만 봐야 하는 슬픈 상황, 언제나 멋지게 희생하는 히어로까지. 클리셰 범벅이지만 그래도 여전히 재밌다.

그런데 여느 날처럼 아침에 일어나 회사에 출근했는데 문득 이런 생각이 들었다. 아무 생각 없이 일어나 항상 걷던 길을 걷고 영혼 없는 내 모습이 마치 좀비 같았다. 난 분명 사람들이 하라는 대로 열심히 공부해 대학 가고, 토익과 오픽 자격증을 따고, 인턴십을 하고, 회사에 취직해 착실히 살아왔는데, 왜 내 삶은 도리어 팍팍해지기만 하는 건지.

한 날은 회사에서 코로나로 인하여 유연근무제를 실시하겠다고 했다. 혼잡한 출퇴근 시간대를 피하기 위해서다. 나도 8시에 출근하여 5시에 퇴근하는 것으로 하고 싶었지만 상사가 이를 단칼에 거절했다. 상사인 본인도 퇴근하지 않았는데 어디 부하직원이 먼저 뒷모습을 보이냐고 했다.

외국계는 자유로울 줄 알았던 내 상상과 달리, 그곳은 논리적인 대화가 전혀 통하지 않는 80년대 회사였다. 답답하고 억울한 마음에 집에 돌아오면 매일 울었다. 어떤 날은 퇴근길 버스에서 사람들이 보든 말든 눈물이 쉴 새 없이 흘렀던 적도 있다. 퇴사는 무서워 못하겠고 그렇다고 회사는 가기 싫으니 이대로 차에 치여 사고라도 났으면 좋겠다는 무서운 생각이 들 정도였다.

'월급 말고 또 다른 부수익 파이프라인이 딱 한 개라도 있었더라면, 내가 이렇게까지 스트레스받지 않았을 텐데…' 그래서 내가 할 수 있는 것부터 해 보자 싶어 브런치 작가와 팟캐스트에 도전해보았다. 좋은 경험이었지만 수익화를 이루진 못했다. 부업, N잡러, 디지털노마드 관련 책을 수십 권은 읽은 것 같다.

여러 시행착오를 겪은 결과, 경제적 자유까진 아니더라도 자유롭게 생활하며 일상의 촘촘한 행복을 찾아 감사해하는 삶을 살고 있다. 더 이상 아침에 부랴부랴 일어나 사무실로 출근하지 않는다. 평일에 가고 싶은 곳이 있으면 마음대로 가고 여행도 훌쩍 떠난다.

다른 사람이 보기엔 내가 욜로족처럼 보일 수 있겠다. 하지만 난 미래는 제쳐두고 현재만 즐기는 성향은 아니다. 내가 일상의 즐거움을 누리는 동안 내 돈은 24시간 일하게끔 '자동 머니 시스템'을 만들어 미래를 준비하고 있다. 예전엔 주 수입원이 월급 하나였지만 지금은 파이프라인이 10개로 늘었다. 숨만 쉬어도 매달 배당금이 따박따박 입금되고 계좌 수익률은 10%를 웃돌고 있다. 평범한 직장인 시절부터 시작한 저축으로 3년만에 1억을 모았고, 또 재테크를 통해 2년만에 1억을 모아 현금 2억을 저축할 수 있었다.

입금일	종목명	배당금(세전)▶	배당금(세후)▶	입금일	종목명	배당금(세전)	배당금(세후)▶	입금일	종목명	배당금(세전)▶	배당금(세후)▶	입금일	종목명	배당금(세전)▶	배당금(세후)
2023/10/04		0.08	0.07	2024/05/16		16.19	13.76	2023/10/04		0.08	0.07	2024/02/16		15.65	13.30
2023/12/06		17.85	15.17	2024/06/03		27.36	23.26	2023/12/06		17.85	15.17	2024/02/23		26.79	22.7
2023/12/08		11.46	9.74	2024/06/05		37.20	31.62	2023/12/08		11.46	9.74	2024/03/06		35.70	30.3
2023/12/15		15.36	13.06	2024/06/07		48.75	41.44	2023/12/15		15.36	13.06	2024/03/18		15.90	13.5
2023/12/22		3.10	2.64	2024/06/14		16.54	14.06	2023/12/22		3.10	2.64	2024/04/09		48.25	41.0
2024/01/12		15.39	13.08	2024/07/15		16.57	14.0	2024/01/12		15.39	13.08	2024/04/15		15.93	13.54
2024/01/25		31.59	26.85	2024/07/25		32.40	27.5	2024/01/25		31.59	26.85	2024/04/24		32.40	27.54
해외투자정보	CFD공매도수잡	**배당**	양도세	해외투자정보	CFD공매도수잡	**배당**	양도세	해외투자정보	CFD공매도수잡	**배당**	양도세	해외투자정보	CFD공매도수잡	**배당**	양도세

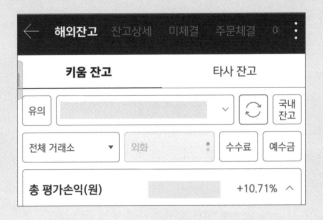

남들은 불안해 주식 차트만 계속 들여다본다던데 나는 한 달에 2~3번 정도만 체크하는 게 전부다. 설령 마이너스 수익률이어도 크게 개의치 않는다. 애초에 마음 편한 투자가 최고라 생각하여 그렇게 머니 시스템을 구축해두었기 때문이다. 현재의 행복과 미래의 풍요로움 둘 다를 놓치기 싫다면 이 책은 아주 훌륭한 가이드가 되어줄 것이다.

자동화 머니 시스템이란? ──────

나는 생각보다 부지런한 사람이 아니다. 매일 가계부를 써보자 다짐했지만, 최대 4일을 넘겨본 적이 없다. 유튜브 채널도 운영하고 이렇게 책까지 쓰고 있으니 뭐가 게으른거냐고 반문할 수 있다. 만약 내가 부지런해보인다면, 움직일 수 밖에 없는 환경 설정을 잘 했을

뿐이다.

저축과 투자도 마찬가지다. 애초에 나의 노력과 의지만으론 오래 지속될 수 없음을 알고 있었다. 끊임없는 소비 유혹, 하락장을 견디지 못하는 멘탈 등등. 우리의 도처엔 돈을 못 모으게 하는 변수들이 깔리고 널렸다. 나 자신을 믿지 못하겠다면 나 없이도 24시간 잘 돌아가는 시스템을 만들면 된다.

1단계: 자동 저축 시스템

투자도 어느정도 모아둔 돈이 있어야 시작할 수 있다. 꼭 투자가 아니더라도 언제든 급할 때 쓸 수 있는 비상금이 있으면 마음 한 켠이 든든하다. 딱 한번만 세팅해두면 월급날 자동으로 알아서 저축된다. 직장인 시절 계획했던 5년보다, 2년이나 빠른 3년만에 1억을 모을 수 있었던 것도 이 시스템 덕분이다.

2단계: 자동 투자 시스템

예적금 저축만으론 절대 원하는 부를 얻을 수 없다. 계속해서 현금의 가치가 떨어지는 자본주의 구조에서 투자는 선택이 아니라 필수다. 그렇다고 하루종일 마음 졸이며 폰만 보는 투자는 하기 싫었다. 밤에 두 발 뻗고 잘 수 있는 투자가 최고라 생각한다. 내가 크게 신경쓰지 않아도 복리효과를 최대로 누릴 수 있는 시스템을 함께 만들어보자.

3단계: 내 몸값 높이기

저축과 투자를 자동 시스템에 위임한건, 이 아낀 에너지로 내 몸값을 높이는데 집중하기 위해서다. 난 단순한 삶을 지향한다. 여러 가지를 동시에 잘 해낼 자신도 그럴 필요도 못 느낀다. CEO가 직원들에게 일을 맡기고 본인은 다른 업무를 하는 것처럼 우리도 제일 중요한 일에 집중해야 한다.

결국 투자금액이 많아질수록 더 높은 수익을 얻을 수 있다. 이 투자금액은 이직을 해서 연봉을 높이든, 부업을 하든, 나를 브랜딩하든 다양한 방법으로 얻을 수 있다. 내가 겪었던 시행착오들과 노하우를 단숨에 얻어가길 바란다.

게으르게 살지만 부자는 되고 싶어

차례

PART 5 당신의 '몸값'을 키워라

PART 6 당신의 이야기가 돈이 되는 순간

PART
1

'자동 저축 시스템'
만들기

저축에 실패하는 이유는
당신 탓이 아니다

"쌤! 몇 개! 몇 개 남았어요?!"

"마지막 두 개!"

운동 PT를 받아본 사람은 누구나 공감할거다. 힘들어서 온몸의 근육이 떨려오고, 땀은 비 오듯이 쏟아진다. 이젠 정말 힘이 다 빠져서 더 이상은 못할 것 같다. 다급히 선생님을 부르며 몇 개 혹은 몇 초 남았냐고 묻는다. 대답을 들으면 희한하게도 젖 먹던 힘까지 짜내 어찌저찌 마무리하기는 한다. 아무리 힘들어도 끝이 정해져있다는 걸 알면, 사람은 초인적인 힘을 발휘해 끝까지 해낸다.

나는 이게 비단 운동에만 국한되는 것이 아니라, 저축에도 적용이 된다고 생각한다. 대다수의 사람들이 저축을 어렵게 느끼고 실패하는 이유는 목표와 기한을 정해두지 않아서다. 무작정 허리띠를 졸라매고 돈을 무기한 모아야된다고 생각하니 막연하게만 느껴지는 것이다. 저축은 시시포스의 형벌이 아니다.

새해 혹은 월초 다짐을 하며, 이번엔 꼭 저축을 열심히 해서 시드머니를 빨리 모아야겠다고 생각한다. 이렇게 벌써 저축에 관심을 가지는 내가 대견하고 어른처럼 느껴진다. 그렇게 월급의 대부분을 착실히 저축한다. 오랜만에 SNS에 들어가 보니 친구들의 새로운 사진이 많이 업데이트되었다. '우와 여기 호텔은 어디지? 다들 좋아 보이네. 호캉스 간 건가?' 나만 빼고 좋은 시간을 보내고 있는 것만 같아 속이 쓰리다. '원래 SNS는 잘 나온 사진만 올리는 곳이니까. 괜히 남들이랑 비교하지 말자'라며 스스로를 다잡아본다.

또 이내 들어간 유튜브에선 쇼핑 하울, 신상 룩북 등 반짝거리는 영상들이 알고리즘에 뜬다. 물심양면이라고, 유튜버가 입고 있는 옷이 이뻐 보여 구매한다. 그런데 마음 한 편이 영 찝찝하다. 쇼핑의 즐거움도 온전히 누리지 못하고, 저축의 성취감도 못 느낀 채 벌써 한 달이 어영부영 이렇게 또 지났다.

이런 도돌이표 같은 상황은 당신뿐만 아니라, 누구나 한 번쯤 겪었고 나 또한 경험을 했다.

저축에 실패한 자신에 자괴감을 느끼며 스스로를 다그치지 말라는 이야기를 해주고 싶다. 이렇게 재테크에 관심이 많고 소중한 시간을 내 책을 펼쳤고, 내 인생을 더 좋은 방향으로 바꾸고 싶다는 의지를 가지고 있는 것만으로도 칭찬받을 일이다.

만약, 당신의 의지력이 약해서 지금껏 저축이 힘들었다면 의지가 관여할 필요가 없는 시스템을 만들면 된다. 앞으로 내가 알려줄 방법은 매일 숙제처럼 해야 될 필요도 없다. 한 달에 한 번 15분 정도만 투자해도 알아서 돈이 차곡차곡 쌓인다. 계약직 월급 170만 원을 받으며 시작한 나도 3년 만에 1억을 모았다. 이 정도면 당신도 해볼 만하지 않은가? 밑져야 본전이다.

이렇게 하자 1억이
더 이상 두렵지 않았다

흔히 이제 막 저축과 재테크에 관심이 생긴 사회 초년생들은 '일단 1억부터 모아라'라는 얘기를 가장 먼저 접할 것이다.

1억부터 모아라고 하니, 나도 그래야겠다는 생각이 들었다. 하지만 도대체 어떻게? 그때 나는 인턴 계약직으로 첫 직장 생활을 시작해서 월급이 170만 원이었다. 한숨이 푹푹 나왔다. '언제 정규직이 돼서 연봉을 올리고 1억을 다 모으지? 이 속도로 서울에 내 집 하나 마련이나 할 수 있을까?'

저축 계획을 세우기 위해 호기롭게 컴퓨터 앞에 앉았건만, 뭘 어디서 어떻게 해야 할지 몰라 텅 빈 화면에 마우스 커서만 멍하니 쳐다보고 있었다. 참 1억이라는 숫자가 너무나 멀고 아득하게만 느껴졌다.

　그때 생각했다. '이렇게 안될 것 같다는 생각만 하고서 무력감을 느끼는 게 맞나? 그래. 일단 이 1억을 한 번 쪼개봐야겠다.'

　먼저 5년 안에 1억을 모으겠다는 구체적인 기한과 목표금액을 정했다. 5년으로 정한 덴 특별한 이유는 없다. 내가 직장 생활을 앞으로 최소 5년은 더 할 것 같아서 그렇게 정했을 뿐이다.

　그럼 1억을 5년 동안 모으려면, 1년에 얼마의 금액을 저축해야 할까? 1억을 5년으로 나누면 1년에 2,000만 원을 모아야 한다.

　100,000,000 / 5 = 20,000,000

　2,000만 원을 1년에 모으려면, 6개월에 얼마를 저축해야 할까? 1,000만 원이다.

　20,000,000 / 2 = 10,000,000

　1,000만 원을 6개월 안에 모으려면, 한 달에 얼마를 저축해야 할

까? 반올림하여 167만 원이다.

10,000,000 / 6 = 1,666,666.66667

신기루처럼 멀게만 느껴지던 1억을 쪼개자, 신기한 일이 벌어졌다. '어? 167만 원? 이거 할만하겠는데?'라는 생각이 들었다. 곧 막연한 두려움은 사라지고 자신감이 스멀스멀 차올랐다.

그럼 만약 1억을 3년 안에 모은다고 가정하면 어떻게 하면 될까? 반올림하여 1년에 3400만 원을 저축해야 한다.

100,000,000 / 3 = 33,333,333.3333

3,400만 원을 1년에 모으려면, 6개월에 얼마를 저축해야 할까? 1,700만 원이다.

34,000,000 / 2 = 17,000,000

1,700만 원을 6개월 만에 모으려면, 한 달에 얼마를 저축해야 할까? 반올림하여 284만 원이다.

17,000,000 / 6 = 2,833,333.3333

'1억'을 3년 또는 5년 안에 모은다면

	3년	5년
1년간 저축해야 할 금액	3,400만원	2,000만원
반년간 저축해야 할 금액	1,700만원	1,000만원
한 달간 저축해야 할 금액	284만원	167만원

'목표 쪼개기' 스킬은 재무 계획뿐만 아니라 다른 곳에서도 두루두루 유용하게 써먹을 수 있다. 막연히 '이번 여름엔 다이어트해서 날씬한 몸매를 가져야지!'라고 두루뭉술하게 말하는 것이 아니라, '6개월 동안 총 7kg을 감량해야지. 그러면 한 달에 약 1kg씩은 감량을 해야 되는구나. 한 달에 1kg 정도를 빼려면 일주일에 총 3번 헬스장에 가서 1시간 30분씩 운동해야지. 그리고 매일 저녁은 다이어트 식단을 먹어야겠어.' 이렇게 지금 바로 실행이 가능한 작은 행동들로 쪼개야 지치지 않고 목표에 더 쉽고 빠르게 도달할 수 있다.

자, 그럼 여러분이 계획을 세워볼 차례다. 여러분은 (기간) 안에 (얼마)를 모으고 싶은가? 책 읽고 나중에 해야지라고 미루지 말고, 그냥 지금 당장 연습장과 계산기를 꺼내서 적어보길 바란다.

제 월급은
그렇게 많지 않은데요?

  '3년 만에 1억 모으고 후회한 사실'영상을 올린 후, 이런 댓글들이 달렸다.

"월급 140만 원은 꿈도 못 꾸네요"
"3년에 1억 모으려면 한 달에 273만 원 저축해야 하는데 이게 가능할까요?"
"일단 웬만한 중소기업 재직자 기준으로는 월급 한 푼도 안 써도 3년 안에 1억 못 모음"

  이런 댓글들을 볼 때마다 답답했다. AI, 전기차, 자율주행 드론 등과 같은 신기술이 5년 뒤에는 더 발전해 있을 거라고 생각하는가?

이걸 미리 알았더라면..   저축 · 현금 잔액

100,446,486원

3년 만에 1억 모으고
후회한 사실   8:38

3년 만에 1억 모으고 후회한 사실 | ⋮
🔖 20대 사회초년생 필수 시청, 저…

조회수 65만회 · 1년 전

만약 그러하다면 난 여러분도 5년 뒤에는 똑같이 발전해있을 거라
고 생각한다. 사람마다 차이는 있겠지만, 5년은 변화하기에 충분한
시간이다. 다른 것은 장밋빛으로 바라보면서, 왜 미래의 자기 자신
은 아무 발전이 없을 거라고 생각할까.

처음부터 연봉을 많이 주는 대기업에서 직장 생활을 시작했더라
면 나도 할 말은 크게 없었을거다. 하지만 나도 인턴 계약직 월급 170
만 원을 받으며 저축을 시작했다. 그럼 월급이 적은데 어떻게 167만
원씩 모았냐고 한다면, 당연히 처음부터 100% 목표금액을 저축하
진 못했다. 다만 모자란 금액은 가계부에 별도로 기입을 해두었다.

추가 상여금을 받거나 여윳돈이 더 생기는 달에, 미처 저축하지 못한 나머지 금액을 추후에 채워 넣었다.

그리고 현재의 처지를 비관하며, 체념하거나 핑계대는 자세를 버렸다. 대신 어떻게 하면 지금보다 더 나은 조건을 가질 수 있을지 계속 고민했다.

적은 연봉으로 사회생활을 시작한 나로서는 한 회사에서 한 자릿수의 연봉 상승을 기대하는 것보단, 다른 회사로 이직하여 두 자릿수의 연봉 인상을 노리는 것이 더욱 유리하다고 판단했다. 그래서 경력기술서에 쓸 단 한 줄을 위해서라도, 다니는 회사에서 성과를 내려고 노력했다.

'에이~예프리님은 유튜브 보니까 영어도 잘해서 돈 많이 주는 외국계에 있을 수 있었던 것 아니에요?'

고등학교 땐 대학도 못 갈 뻔한 '33점'이라는 충격적인 영어 점수를 받은 적이 있었고, 교환학생으로 간 독일에서는 나 혼자 영어를 못 알아먹어 자괴감을 느끼는 날이 많았다. 그래서 매일 밤 3~4시간씩 TED 강연을 자막 없이 들리는 대로 받아쓰는 연습을 했다. 노력없는 결과는 없다.

'보니까 IT 소프트웨어 회사에 다니셨던데, 전 그쪽 경력이 하나도 없는걸요?'

나도 첫 회사는 자동차 도료를 판매하는 화학회사였다.

자기합리화와 핑계 대는 습관을 지금부터라도 버리도록 하자. 인생을 살아가는데 아무 도움이 안 된다. 당연히 여러분이 지금 아무것도 하지 않는다면, 미래도 지금과 별반 다를 게 없을거다. 씨앗을 뿌리지도 않고 벼농사가 잘 되길 기도하는 농부와 다를 게 없으니까 말이다.

'어떻게 하면 내가 최소 한 달에 167만 원 혹은 그 이상을 모을 수 있을까? 포트폴리오를 잘 정리해서 이직할 때 20% 연봉 인상을 노려볼까? 퇴근 후 1시간을 투자해 부업으로 부수익을 내볼까?' 와 같은 해결 방법을 찾으려하는 사람에겐 길이 보인다.

성공하는 사람은 방법을 찾고, 실패하는 사람은 핑계를 찾는다는 사실을 기억하자.

측정되지 않는 것은
관리할 수 없다

지금쯤 마음속에 한 달에 최소 얼마를 모아야겠다는 구체적인 금액이 정해졌을 것이다.

지금부터 이 숫자를 까먹는 일은 절대로 없어야 한다. 어느날 누가 갑자기 대뜸 "너 한달에 얼마정도 저축해?" 라고 물어도, 1초만에 바로 대답이 튀어나와야 한다.

'측정되지 않는 것은 관리할 수 없다'는 말이 있다. 본인 스스로가 최소 매달 얼마를 모아야 하는지조차 알지 못한다면, 앞으로 어떻게 더 큰돈을 관리하고 재무계획을 세울 수 있을까?

일본의 괴물투수로도 유명한 야구선수 오타니 쇼헤이도 자신의 목표를 종이에 적어 집 안의 잘 보이는 곳에 붙여두었다고 한다. 자신의 목표를 계속해서 떠올리고 실행으로 옮긴 오타니는 평균 직구 속도 160km/h 라는 놀라운 기록을 세웠다. (박찬호 선수의 최고시속이 161km/h였던 점을 감안하면 평균 직구 속도 160km/h은 매우 대단한 기록이다.)

몸관리	영양제 먹기	FSQ 90kg	인스텝 개선	몸통 강화	축 흔들지 않기	각도를 만든다	위에서부터 공을 던진다	손목 강화
유연성	몸 만들기	RSQ 130kg	릴리즈 포인트 안정	제구	불안정 없애기	힘 모으기	구위	하반신 주도
스테미너	가동역	식사 저녁7술갈 아침3술갈	하체 강화	몸을 열지 않기	멘탈을 컨트롤	볼을 앞에서 릴리즈	회전수 증가	가동력
뚜렷한 목표·목적	일희일비 하지 않기	머리는 차갑게 심장은 뜨겁게	몸 만들기	제구	구위	축을 돌리기	하체 강화	체중 증가
핀치에 강하게	멘탈	분위기에 휩쓸리지 않기	멘탈	8구단 드래프트 1순위	스피드 160km/h	몸통 강화	스피드 160km/h	어깨주변 강화
마음의 파도를 안만들기	승리에 대한 집념	동료를 배려하는 마음	인간성	운	변화구	가동력	라이너 캐치볼	피칭 늘리기
감성	사랑받는 사람	계획성	인사하기	쓰레기 줍기	부실 청소	카운트볼 늘리기	포크볼 완성	슬라이더 구위
배려	인간성	감사	물건을 소중히 쓰자	운	심판을 대하는 태도	늦게 낙차가 있는 커브	변화구	좌타자 결정구
예의	신뢰받는 사람	지속력	긍정적 사고	응원받는 사람	책읽기	직구와 같은 폼으로 던지기	스트라이크 볼을 던질 때 제구	거리를 상상하기

저축 목표금액이 익숙해질때까지는 오타니처럼 눈에 잘 띄는 곳에 포스트잇을 붙여놓는 것도 좋은 방법이다.

월급날
나의 의지를 믿지말자

이제 여러분이 할 일은 한 번만 세팅해두면 알아서 굴러가는 '자동 저축 시스템'을 만드는 것이다.

아마 지금 이 책을 읽고 계신 분들은 원래도 저축과 재테크에 관심이 많은 똑부러지는 사람들일 것 같다. 그래서 '통장 쪼개기'에 대해서 익히 들어보았거나 이미 실천 중일 수도 있다.

나는 사회 초년생 때부터 지금까지도 통장을 분리해서 사용하고 있다. 통장을 쪼개지 않고 한 곳에서 월급을 관리하고 비상금을 모으고 생활비를 쓰다 보면 돈을 관리하기가 너무 어려워진다. 내가 한 달에 얼만큼 저축을 하고 얼마나 지출하는지 한눈에 현금흐름을 알 수 있도록 통장을 지금부터 쪼개보자.

예시를 들어보겠다. 해린이는 3년 차 직장인이다.

1) 해린이는 5년 안에 1억을 모으기 위해서 매달 167만 원씩 저축해야겠다는 계획을 세웠다.

> **Tip!** 주거래은행에서 월급통장을 만들면 자동이체 수수료 면제 혜택을 준다.

2) 월급날 여러 통장으로 돈이 송금되도록 자동이체를 설정해두었다.

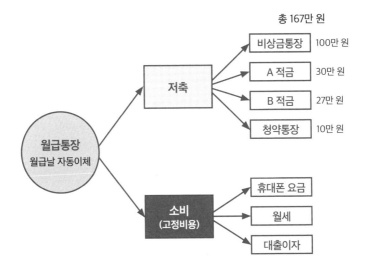

비상금 통장으로 100만 원, A 적금으로 30만 원, B 적금으로 27만 원, 청약통장으로 10만 원 총 167만 원이 이체되도록 설정해두었다. (이때 휴대폰 요금비, 월세, 이자와 같은 매달 나가는 고정 비용이 있다면 같은 날 결제되도록 자동이체를 설정해두자!)

> **Tip!** 비상금은 얼마나 모아야 할까? 보통 월급의 3배 혹은 내가 심리적인 안정감을 느낄 수 있는 금액이면 좋다.

3) 이미 월급날 자동으로 돈이 빠져나갔기 때문에, 월급통장엔 딱 생활비 수준의 돈만 남아있다.

4) 다시 월급날이 돌아오면, 생활비 통장에서 남은 돈은 비상금 통장으로 이체해서 잔고를 0원으로 만든다.

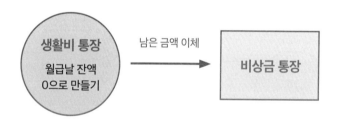

그렇다면 직장인과 달리 소득이 불규칙한 프리랜서는 어떻게 하면 좋을까? 이때는 나만의 '정산 날'을 만들면 좋다.

나의 경우 매달 마지막 날을 '정산 날'로 정해두었다. 먼저 생활비 통장 잔고를 0원으로 만든다. 그다음 소득 통장에서 일정 생활비를 생활비 통장으로 이체한 뒤 정해진 금액을 사용한다.

얼마큼 저축해야 할지 감이 안 잡힌다면, 3개월 평균 소득을 계산해서 적정 저축금액을 찾아내도록 하자!

미루지 말고 지금 바로 나만의 '자동 저축 시스템'을 만들길 바란다. 이렇게 한 번만 설정해두면 매번 번거롭게 저축할 필요가 없다. 당연히 내 의지가 개입될 일도 많지 않다. 월급통장에 돈이 고스란히 있다면 쓰고 싶어지는 게 사람 마음이다. 나 자신이 자기합리화를 하기 전에 먼저 저축부터 하도록 하자.

!

평생을 자린고비처럼
살아야만 할까?

우리는 돈 관리를 언제까지 해야 할까? 아마 평생 죽을 때까지 해야 할 것이다. 특히, 처음 돈을 모으는 과정에선 지치지 않고 지속해 나가는 힘이 매우 중요하다. 저축은 단거리 경주가 아닌 마라톤과 같다. 페이스 조절이 생명이다.

자린고비처럼 계속 원하는 것을 참아가며 절약할 수 있는 사람이 얼마나 될까? 극단적으로 내 욕구를 억누르며 돈을 모으는 방법은 오래가지 못한다. 다른 사람들과 비교하며 '나만 이렇게 궁상맞게 살아야 하나? 내 주제에 저축은 무슨'이라며 포기하기 딱 좋다.

여기 물욕을 잘 다스려 오래 롱런할 수 있는 방법이 있다. 바로 '기간을 정해두고' 평소 사고싶었던 것, 먹고 싶었던 음식들을 마음껏 소비해보는거다. 이 기간만큼은 저축에 대한 강박을 완전히 내려놓는게 좋다. 100세를 산다고 가정했을 때 지금 돈을 펑펑 쓴다고 큰일이 나지 않는다. 또한 몇 개월 저축하지 않는다고 남들보다 뒤처지는 것도 아니다.

나는 월급을 받고 첫 3개월 동안은 미련없이 돈을 쓰겠다는 계획을 세웠다. 비싼 오마카세도 먹고 위시리스트의 옷, 신발, 가방까지 샀다. 부모님 용돈만 받아서 쓰다가 오로지 내 힘으로 번 돈으로 생활하니 너무 좋았다. 집 앞에 택배상자가 없는 날이 거의 없을 정도였다.

시간이 얼마나 지났을까? 처음엔 3개월도 너무 짧다고 생각했었는데, 한 달쯤 지나자 쇼핑을 하는 행위 그 자체가 시시해졌다. 처음엔 그렇게 갖고 싶었던 물건도 시간이 흘러 유행이 바뀌고 취향이 달라지니, 당근마켓에 헐값에 올려도 안 팔리는 애물단지가 되어버렸다.

이때 내가 깨달은 사실은 두 가지다. 첫 번째는 물건이 주는 효용이 그리 오래가지 못한다는 것과 두 번째는 내가 물건을 구매함으로써 만족감을 크게 얻는 사람이 아니라는 사실이다. 사회초년생 때

적당한 가격을 지불하고 큰 깨달음을 얻어 다행이라고 생각한다. 늦바람이 무서운 법이라고, 나중엔 수백만 원~수천만 원 수업비를 지불해야 했을지도 모른다.

그러니 지금 여러분들도 기한을 정해두고 맘껏 소비를 해봤으면 좋겠다. 내가 어떨 때 자기합리화를 하며 소비를 하는지, 무엇을 살 때 만족감을 느끼는지 스스로를 더 잘 알아갈 수 있는 시간이다. 자신의 마음과 상태를 잘 알아야 인생이라는 긴 마라톤 경기에서 승리할 수 있다.

직장인이라면
당장 나의 연봉을 높여보자

앞서 이직을 여러 번 하며 연봉을 높인 것이 빠르게 1억을 모을 수 있었던 이유 중 하나라고 언급했었다. 총 3번의 이직을 하며 나름의 노하우들을 많이 알게 되었다. 어떤 건 그 누구도 얘기해 주지 않았고 또 인터넷에서도 찾아볼 수 없는 정보들이었다. 내가 이직을 하며 실수했던 부분과 새롭게 알게 된 사실들을 정리하였으니 곧 이직을 앞둔 독자분들에게 많은 도움이 되었으면 좋겠다.

1) 일은 회사를 위해서 하는 게 아니라 '나 자신'을 위해서

100% 동기부여가 되어 회사 일을 마치 내 일처럼 할 수 있다면 얼마나 좋을까? 그럼 매일 회사 가는 길이 참 즐거울 텐데 말이다.

하지만 현실은 영 그렇지 않다. 만족스럽지 못한 연봉과 회사 대우에, 짜증 나는 상사까지. 내가 왜 이런 푸대접을 받아 가며 열심히 일해야 하나 현타가 올 수 있다.

하지만 생각을 바꿔보자. 어차피 여러분은 그 회사를 평생 다니지 않는다. 언젠간 이직을 해야 될 때가 온다. 그럼 그때 '에이 월급도 적게 주는 회사, 나도 딱 받은 만큼만 일할란다!'라며 물경력으로 시간을 보내다가 이력서에 막상 적을 게 하나 없는 상황이 닥치면 어떻게 해야 할까?

현재 회사를 위해서가 아니라 나중에 경력 이력서에 적을 한 줄을 위해서 일한다고 생각하는 것이 좋다. 그렇게 경력을 쌓아나가다 타이밍이 맞으면 더 좋은 곳으로 훨훨 날아가도록 하자!

2) 이력서 업데이트는 '수시로'

나중에 부랴부랴 한꺼번에 이력서를 업데이트하려고 하면 잘 기억이 나지 않아 힘들 수 있다. 현재 회사에 다니며 그때그때 했던 프로젝트들, 맡은 업무, 성과를 최대한 구체적으로 숫자로 표현하자. (이렇게까지 자세히 적는다고? 싶을 정도로 적어도 괜찮다. 실제론 많은 사람들이 오히려 너무나 두루뭉술하게 적어서 발목 잡히는 경우가 많다.)

잘못된 예시) 다양한 산업의 많은 고객 미팅 성공

'다양한 산업'은 도대체 어디인지, '많은'은 얼마나 많은 고객 수를 의미하는지, 미팅 성공이 단순히 미팅만 했다는 것인지 혹은 계약을 수주했다는 것인지 알 수 없다. 모호하고 추상적인 단어는 모두 빼고 숫자로 증명하도록 하자.

올바른 예시) 2021-2022 신규 고객 Lead 261개, New Opportunuties 150개 생성 (23,244 EUR closing)

경력 기술서

OOO (21.07 ~ 현재)
(직책)으로써 (고객사) 대상 (회사의 제품과 서비스) 신규 매출 창출

- 2021-2022 신규 고객 Lead OOO개, New Opportunities OOO개 생성 (OOO EUR closing)
- 고객의 다양한 사례에 따라 솔루션 시나리오 제안, 크로스셀링 및 업셀링 기회 창출
- (고객사) 대상 (회사의 제품과 서비스) Win back 사업기회 창출 및 클로징
- 고객 및 회사 내 협력 부서와 비즈니스 커뮤니케이션 역량 탁월

□ **신규 고객 관리**
- 고객의 고충을 해결할 수 있는 솔루션 제안
  - (고객사 1)의 문제 발견
  - 경쟁사 대비 (현재 자사 제품의 서비스 강점과 차별점)을 강조하여 클로징 / OOO KRW(월)
  - (고객사 2)의 문제 발견
  개발관리에 따른 중복비용을 절감할 수 있는 (현재 자사 제품의 서비스) 제공기회 창출 / OOO KRW(월)
  - (고객사 3)의 해외 비즈니스 진출 기회 발견
  (현재 자사 제품의 서비스 강점과 차별점)을 어필하여 클로징 / OOO KRW(월)
- 매 분기 산업별 영업 및 마케팅 전략 계획 수립
  - 핀테크, 항공, 게임, IT서비스개발, 운송, 식품, 펫코노미, 리빙, 코스메틱, 패션 산업 등 시장 트렌드 조사 후 각 산업에 맞는 솔루션 시나리오 제안
- 전시회 'Smart Tech Korea 2020'에 방문하여 OO개의 신규 리드 생성 후 온오프라인 미팅 OO개 진행
- 프리세일즈팀과 협력하여 온보딩 교육 계획 수립 및 진행
- 인바운드 리드 관련 1차적 대응 및 미팅 기회 창출

□ **기존 고객 (OO개) 관리**
- 크로스셀링 및 업셀링 기회 창출
  - (고객사)의 해외 사업 확장에 따른 비즈니스 기회 발견 / OOO KRW(월)
  - (고객사)의 (니즈)에 따른 비즈니스 제안 / OOO KRW(월)
- 기술 대응
  - (고객사)의 서비스 오류 발생시, 1차적 기술대응

앞의 경력 기술서는 실제로 내가 사용했던 이력서 양식이다. 했던 업무와 용어가 달라 100% 참고할 순 없겠으나, '이 정도로 자세하게 서술했구나' 정도로만 알고 참고해주면 좋을 것 같다.

3) 연봉 상승이 목표라면 한 회사보단 '다른 회사'로!

만약 여러분들의 목표가 한 회사에서의 성장보단 연봉 상승이라면, 다른 회사로 적극 이직하도록 하자. 아마 지금쯤 이 글을 읽고 있는 독자분들 중엔 회사로부터 올해 연봉 상승률을 이미 전달받았을 수 있다. 사실 정말 괄목할만한 업적이 아니고선 보통 (상황이 좋지 않을 경우) 연봉을 동결하거나 한 자릿수 퍼센트로 올려주는 경우가 대다수다.

하지만 다른 회사로 이직을 하게 된다면, 연봉협상을 잘할 시 최소 10%~최대 20% 이상까지도 연봉을 올릴 수 있다. 한 회사에서 근속연수가 긴 사람보다 이직을 많이 한 사람의 연봉이 대개 더 높은 이유가 여기에 있다.

나는 연봉 상승이 목표였기에 대략 2년마다 이직을 시도하였다. 업계에 따라 다르겠지만, 내가 있었던 IT산업에선 최소 2년부터는 이직을 해도 크게 이상하지 않은 분위기였다.

현재 회사에서 더 이상 배울 것이 없고 이루고자 하는 목표가 없다면, 다른 회사로의 이직을 적극 고려해보도록 하자.

4) B2C보단 B2B

많은 연봉을 받길 원한다면 B2C보단 B2B회사로 이직하는 것을 한 번 고려해보길 바란다. B2C는 Business to Consumer의 약자로, 즉 일반인 소비자들을 대상으로 제품과 서비스를 판매하는 회사다. 우리가 흔히 아는 코카콜라, 맥도날드, 나이키 등의 기업이 여기에 해당된다. 소비자들의 일상생활에 자연스레 녹아든 만큼 네임벨류가 높고 유명하다. 그래서 많은 사람들이 입사를 꿈꾼다.

반면 B2B는 Business to Business의 약자로써, 고객이 일반소비자가 아닌 기업인 회사다. 주 고객이 기업이다 보니 제품과 서비스의 단가 자체가 높다. 한 소프트웨어 회사의 경우 계약 단위가 '억'이었다. 거래 단위가 큰 만큼 그에 따라 상대적으로 보너스와 페이가 크다.

5) '마진율'이 높은 회사

만약 여러분이 TV를 만들어 국내와 해외로 판매한다고 상상해 보자. TV를 만들기 위해선 공장이 필요하며, 공장을 세울 부지도 있어야 한다. 원재료도 공급받아야 하며 이를 만들 기계도 들여야 한다. 공장과 기계를 관리할 직원도 뽑아야 한다. 갑작스런 일로 공장이 멈추거나 화재라도 나면 피해가 막심하다. 물건을 만들어 수출하려면 포장도 해야 한다. 해양이든 항공운송이든 그에 따른 배송비도 들 것이다.

반면 소프트웨어 회사의 경우, 초반에 제품을 만드는데 집약적인 비용과 시간이 소요된다. 하지만 일단 한 번 만들어놓으면 관리하기가 수월하다. 설치를 위해 물리적인 배송을 보낼 필요 없이, 인터넷만 연결되어 있다면 언제든 고객에게 전달할 수 있다. 유지보수도 돈받고 해준다. 기능들을 업그레이드하고 배포를 새롭게 한다.

모든 소프트웨어 회사가 마진율이 높고, 연봉을 많이 준다고는 장담할 수 없다. 하지만 내가 이때까지 주위 지인들에게 들은 얘기를 종합해보면 그들의 연봉은 꽤 괜찮은 금액이었다.

6) 은근 중요한 '평판'

외국계 채용 절차에서 'Reference check' 이라는 단계가 있다. 한국말로 '평판조회'라고도 불리며 보통 최종 합격을 하고 형식상 진행되는 경우가 많다. 하지만 그렇다고 하여 이를 결코 가볍게 봐선 안 된다.

실제로 스펙도 우수하고 경력도 있고 연봉협상까지 잘 해 거의 최종합격할 뻔한 후보자가 있었다. 하지만 결국 마지막 평판조회에서 회사입장에 상당히 크리티컬한 안 좋은 얘기가 나와 결국 그 채용이 무산되었다는 얘기를 들은 적이 있다.

7) 합격을 부르는 면접장에서의 '마지막 한 방'

나의 경우 면접이 잡히면 이때까지 내가 했던 업무와 성과를 한 눈에 보기 좋게 그래프로 만들어 포트폴리오를 태블릿에 저장해갔다.

면접 중간 혹은 마지막쯤 타이밍을 보다가 "제가 이때까지 했던 프로젝트를 포트폴리오로 만들어 왔는데 혹시 잠깐 보여드려도 될까요?"라고 양해를 구하고 짧게 설명을 덧붙였었다.

물론 이게 면접 합격의 결정적인 이유가 될 수는 없겠으나, 거의 모든 면접관분들이 흔쾌히 허락하셨고 좋게 봐주셨다. 심지어 엄청 깐깐해보였던 한 면접관분도 나중에 합격하고 나서 이야기를 나누어보니, 그때 준비해온 포트폴리오가 상당히 인상적이어서 작은 감동까지 받았다고 하셨다. 실제로 면접장에서 이렇게 포트폴리오를 준비해가는 사람들은 생각보다 많지 않다. 그래서 이 정도의 성의만 보여도 충분히 좋은 점수를 딸 수 있다.

만약 내세울게 전혀 없는 신입이라면 어떻게 해야 할까? 국내기업은 모르겠지만 상대적으로 분위기가 자유로운 외국계 면접이라면 작은 음료 정도 준비해가는 것은 괜찮다.

나도 처음 인턴 면접을 보기 전, 음료수라도 들고가보라는 한 외국계 채용 컨설턴트의 말을 듣고 실제로 도라지배 음료수를 들고 갔었다. "아, 요즘 미세먼지랑 화…황사가 심한데 도라지가 기관에 좋대요. 드시고 시작하면 조…좋을 것 같아요!"라고 얼굴이 상기된 채 얘기했었다.

내가 음료수를 건네자 면접관 두 분이 전혀 예상하지 못했다는 당황한 표정을 살짝 지으시더니 이내 빵터지셨다. "수많은 면접자들을 봤지만 이렇게 음료수를 들고 온 분은 처음이에요." "아, 도라지가 기관지에 좋대요? 당장 마셔야겠네~"라며 신입의 패기를 가상하고 귀엽게 봐주셨던 기억이 난다. 음료수 효과 덕분이었는지는 모르겠으나 면접 분위기는 한층 부드러워졌고 물 흐르듯 편하게 흘러갔다. 그 다음 날 아침, 합격했다는 전화를 받을 수 있었다.

그렇다면 서류와 면접까지 합격하고 최종 연봉협상만 앞두고 있는 상황이라면 어떻게 해야 할까? 개인적으로 난 연봉협상하는 게 가장 어렵고 까다로웠다. 잘 몰라서 더 받을 수 있었던 연봉을 눈앞에서 놓치기도 했다. 여러분들은 나와 같은 실수를 똑같이 반복하지 않길 바라며, 알아야 할 정보를 정리해 보았다.

1) '평균 연봉 확인'은 필수!
희망연봉을 보내기 전에 가장 먼저 해야 할 일은 무엇일까? 바로 그 회사의 대략적인 평균 연봉을 확인하는 것이다.

나와 경력이 비슷하며 같은 업무를 하는 직원이 얼마나 받는지 확인해야 연봉협상을 시도할 수 있다.

내가 직장인으로 재직하던 시절엔 잡플래닛, 잡코리아를 주로 이용했었다. 이 외에도 사람인, 인크루트, 원티드, 블라인드, 캐치, 오픈샐러리, 플러스비즈 등의 사이트가 있으니 여러 군데를 참고하도록 하자.

2) 원하는 연봉은 최대한 '구체적으로'

'그럼 원하는 연봉을 구체적으로 말하지, 누가 두루뭉술하게 말하는 사람이 있나?'라고 생각할 수 있다. 여기서 구체적은 '최소 얼마에서 최대 얼마'란 표현이 아니라 정확히 'OOOO만 원'이라고 명시하는 표현을 뜻한다.

처음 이직 면접에 합격하였을 때, 인사팀으로부터 희망연봉을 물어보는 메일을 받았다. 많이 부르자니 혹여나 합격이 취소될까 봐 무서웠고, 그렇다고 적게 부르자니 성에 차지 않았다. 그래서 최소 OOOO만 원 ~ 최대 OOOO만 원을 희망한다고 답변을 보냈다. 최종 연봉은 얼마로 책정되었을까?

좌절스럽게도 내가 최소라고 적었던 가장 적은 금액으로 결정되었다. 내가 최소 금액과 최대 금액 범위를 적어서 보내주면 알아서 중간 금액으로 잘 책정해 주겠지라고 생각했던 내가 바보였다. 회사의 인사팀은 결코 직원들의 편이 아니다. 원하는 금액이 있다면 정확히 적고 그 옆에 '협의 가능'이라고 써두어 협상의 여지를 남겨두는 것이 베스트다.

3) 인센티브와 복지를 제외한 '기본연봉'이 가장 중요!
아래의 두 가지 예시 중 스스로가 생각하는 연봉의 개념을 선택해 보도록 하자.

A. 미래의 인센티브, 포상금, 식대, 그 외 복지가 다 포함된 비용

B. 미래의 인센티브, 포상금, 식대, 그 외 복지가 제외된 기본 비용

당연히 직원들 입장에선 회사에서 제공해 주는 복지를 제외한 B 기본 비용이 연봉이라고 생각하기 쉽다. 하지만 반대로 회사 인사팀에선 모든 혜택을 다 포함하는 것이 연봉이라고 생각할 수 있다. 나는 이 차이를 미처 몰라 연봉협상에서 낭패를 본 경험이 있다.

최종 면접까지 합격을 하고 나면 인사팀에서 희망연봉을 물어보는 메일이 온다. 그래서 내가 원하는 연봉 금액을 적어 보냈다. 당연히 이때 내가 생각한 연봉은 B였다.

그리고 인사팀 담당자가 연봉 관련하여 상의할 것이 있다며 온라인 화상 미팅을 요청했다. 수락에 응한 후 미팅에 들어가니 인사담당자가 대뜸 다짜고짜 축하한다고 말하는 것이 아닌가. (지금 생각해보니 이 친구 일을 아주 잘하는 직원이었다.) 그러면서 하는 말이 '당신이 적은 금액보다 훨씬 더 많은 연봉을 받을 수 있게 되었어요! 너무 축하해요'라고 말했다. 속으론 어리둥절했지만 그래도 내가 원래 원한 금액보다 더 높은 금액을 받을 수 있다니, 너무 신났다! (하지만 기억하자. 회사는 이윤을 추구하는 곳이고 절대 직원이 말한 금액보다 더 많은 돈을 아무 이유 없이 주는 곳이 아니다.)

하지만 더 자세하게 이야기를 들어보니 그 인사담당자가 말한 연봉은 A 즉, 미래의 내가 성과를 달성하였을 때 얻는 최대치의 인센티브 (내가 그 성과를 달성하지 못하면 당연히 받지 못한다), 포상금, 식대, 교통비, 그 외 복지비가 다 포함된 연봉이었다.

이미 얼떨결에 그 조건에 긍정적인 신호를 보냈던 터라, 무르기도 애매했다. 결국 피의 눈물을 흘리며 다음부턴 이와 같은 실수를 절대 반복하지 않으리라 다짐했다. 경력이 쌓이면 당연히 알 수 있는 부분이지만, 사회경험이 부족했던 나는 이 사실조차 몰랐었다.

4) 희망연봉은 최대한 '높게!'
그럼 희망연봉은 지금의 연봉보다 얼마나 더 높게 불러야 할까?

나는 최소 15%에서 20% 정도는 높여 부르는 것이 좋다고 생각한다.

'내가 연봉을 너무 높게 불러 합격 취소 당하면 어떡하지?'라고 생각할 수 있지만 과잉 걱정이다. 이미 서류와 면접을 합격하였고 회사에서도 나의 경력을 높이 삼아 합격한 것이기 때문이다. 터무니없이 너무 높은 금액을 부르는 것이 아니라면, 회사도 충분히 협상할 의지를 가지고 있기 때문에 크게 걱정하지 않아도 된다.

5) 미리 준비해야 하는 '협상 카드'

만약 회사에서 최종적으로 제시한 금액이 성에 차지 않으면 어떻게 해야 할까? '어쩔 수 없지 뭐.'라며 수긍하고 제안을 받아들이는 것이 맞을까?

나는 그렇지 않다고 본다. 그 회사도 나를 선택하였지만, 나 또한 그 회사를 선택한 거다. 그러니 여기서 을처럼 행동할 필요가 전혀 없다. 회사도 한두 번 정도 더 협상할 가능성을 열어둔다.

단 '나 이 정도 금액 원하니까, 무조건 맞춰주세요! 제발 부탁이에요! 열심히 할게요!'라는 식의 요구는 매우 곤란하다. 내가 그 금액을 희망하는 이유와 내가 그만큼 대우를 받을만한 사람이란 것을 객관적으로 증명해야 한다.

이때 내가 그만큼 연봉을 더 받아야 하는 이유에 대해서 대략 3개 정도 구체적인 근거를 준비해서 회신 하도록 하자.

6) 흘려보낼 줄 알아야 하는 '백만 원' 단위

저렇게 구체적인 이유와 함께 마지막으로 연봉 협상을 시도했지만, 회사로부터 그에 맞춰줄 수 없다는 답변을 받았다면 어떻게 해야 할까.

만약 그 금액이 몇백만 원단위라면 거기에 크게 연연해하지 않도록 하자. 달로 나누면 몇십만 원 차이밖에 나지 않는다.

괜히 그 단계에서 몇 백만 원 더 받고자 실랑이를 한다면 오히려 회사에 안 좋은 이미지를 처음부터 주게 될 수도 있다. 그리고 그렇게 한 번 거절할 정도면 회사에서도 그 직책에 할당할 수 있는 연봉 예산이 정해져있을 수도 있다.

정 마음에 들지 않는다면 다른 회사를 알아봐야겠지만, 그것이 아니라면 작은 금액에 연연하여 소탐대실하는 상황은 피하도록 하자.

PART
2

'1억부터 모으세요'에
숨겨진 함정

예적금은
가난의 추월차선

"문맹은 생활을 불편하게 하지만, '금융문맹'은 생존을 불가능하게 만들기 때문에 문맹보다 더 무섭다." 미국의 연방준비제도(FED) 전 의장이었던 앨런 그린스펀이 한 말이다.

- 재테크 방법 중 예적금이 가장 안전하다고 생각하는가?
- 더 높은 금리의 예적금 상품을 찾기 위해 비교해 본 적이 있는가?
- 회사로부터 올해 연봉 인상률을 통보받은 적이 있는가?

만약 위의 질문 중 하나라도 그렇다고 대답을 했다면 다음 내용들을 무조건 읽어나가길 바란다. 가장 보편적이고 안전하다고 생각했던 예적금에 배신당한 느낌이 들 것이다. 더불어 자본주의를 더 날카롭고 정확하게 볼 수 있는 렌즈를 장착하게 됨은 물론이다.

조건이 괜찮고 금리가 높은 예적금 상품을 찾았다고 치자. 여기서 '실질금리'를 따질 줄 알아야 한다. 한 예금의 금리가 3.50%라고 적혀져 있다면 이는 눈에 보이는 그대로 '명목(名目) 금리'이다.

하지만 자본주의에선 물가 상승률이 그림자처럼 항상 따라다닌다는 사실을 잊어선 안 된다. 만약 당해의 물가 상승률이 3.2% 라면 명목금리 (3.50%)에서 물가 상승률 (3.20%)을 뺀 0.3%가 바로 '실질금리'가 된다.

나는 원금도 보장되고 이자도 3.5% 더 받는다고 생각하였지만, 사실상 내가 받는 이자율은 꼴랑 0.3%에 불과하다는 소리다. (심지어 여기서 예적금 이자에 대한 소득세는 아직 계산하지도 않았다!)

그럼 이번엔 직장인의 숙명 '연봉 상승률'도 한 번 따져보도록 하자. 만약 올해 회사에서 연봉을 3% 올려주기로 했다면? 기대보다 높은 폭의 증가는 아니지만 동결보단 훨씬 나으니 만족하기로 한다. 그런데 과연 진짜 인상된 걸까?

만약 당해의 물가 상승률이 3.6% 라면, 사실상 내 연봉 상승률이 물가 상승률을 전혀 방어하지 못했다는 뜻이 된다. 눈에 보이는 명목임금 상승률(3%)에서 물가 상승률 (3.60%)을 뺀 -0.6%가 실질 임금 상승률이다. 실제적으로 내 연봉은 오른 것이 아니라 삭감된 셈이다.

우리는 계속해서 뛰지 않으면 밑으로 떨어지는 컨베이어 벨트 위에 서있는 것과도 같다. 여기서 다르게 행동하지 않는다면 평생 벨트 위에서 힘겹게 뛰어야 할 것이다. 열심히 뛰어도 어찌 된 영문인지 제자리인 것 같은 기분을 느끼면서 말이다.

나는 사회 초년생 때 이 사실을 몰랐다. 그래서 순진하게도 예적금이 소소하지만 가장 안전한 저축 방법이라 생각했다. 현실은 내 현금의 가치가 계속해서 떨어지고 있었는데도 말이다. 우리가 더 똑똑하게 자본주의를 살아가기 위해, 하루빨리 금융 문맹에서 벗어나야 하는 이유다.

- 명목임금: 화폐의 액수로 나타낸 근로자의 임금
- 실질임금: 임금의 실질적인 가치를 나타내는 금액
- 5대 은행의 이날 1년 만기 정기예금 최고금리는 연 3.50%~3.60% (한국경제 2024.05.09 1면 기사)
- 함께 보면 좋을 영상

실질 금리 계산해보기

- 내가 최근에 가입한 예적금의 명목금리는? _____ %
- 2024년 물가 상승률은? 2.3%
- 명목금리에서 물가 상승률을 뺀 실질금리는? _____ %

실질 임금 계산해보기

- 작년 내 연봉 인상률은? _____ %
- 2024년 물가 상승률은? 2.3%
- 명목 임금 상승률에서 물가 상승률을 뺀 실질 임금 상승률은? _____ %

3년 만에 1억을 모으고
패닉에 빠졌다

"와,, 큰일 났다. 뭐부터 시작해야 하지?"

아이러니하게도 그렇게 염원하던 1억을 모으자마자 덜컥 겁이 났다. 두 번 회사를 옮길 때마다 두 자릿수의 연봉 인상 협상에 성공하면서 저축 금액을 빠르게 늘려나간 덕분이었다. 애당초 계획했던 5년이라는 시간보다 2년을 더 줄일 수 있었다.

평생을 실내에서 수영한 사람에게 갑자기 어느 날 깊은 바다에서 수영해 보라고 하면 어떨까? 아마 쉽사리 발걸음을 떼지 못할 것이다. 재테크도 마찬가지다. 평생 예적금만 하던 사람이 갑자기 수중에 1억이 생겼다고 해서 재테크 고수가 되는 것은 아니다.

그렇다면 나는 왜 1억을 모으기 이전부터 투자를 시작하지 않았을까? 주위에 물어볼 사람이 없어서? 그때 내 주위의 회사 선배들은 대부분 투자를 하고 있었다. 또 양질의 정보는 인터넷에 이미 넘쳐난다. 내가 원한다면 언제든 재테크를 할 수 있는 환경이었다는 이야기다.

사실 난 '1억부터 모으세요'라는 말에 안도했다. 당장 투자 공부를 할 필요도 없고 실전에 뛰어들지 않아도 되니 말이다. 저축을 빙자한 5년이라는 계획은 재테크 공부를 안 해도 되는 자기합리화의 시간이었는지도 모른다.

또 이상한 완벽주의 성향이 투자를 시작하지 못하게 하는 걸림돌이었다. 절대 한치의 실수도 범해선 안되며 높은 수익률만 기록해야 할 것 같은 부담감이 있었다. 세상 그 누구도 나에게 그런 부담을 쥐어주지 않았건만, 혼자서 투자에 대한 장벽을 공고히 쌓아 올리고 있었다.

우리는 자신의 마음을 잘 들여다보고 생선 가시 발라내듯 진짜 욕망과 자기합리화를 잘 구별할 필요가 있다. 여러분이 1억을 모으는 이유는 무엇인가? 더 잘 살고 싶어서, 지금보다 더 부유해지고 싫어서라면 지금부터 그에 대한 준비를 하고 공부를 하는 것이 맞지 않을까?

평소에 투자 공부를 틈틈이 하며 나만의 기준을 가지고 1억을 모은 후 투자하겠다는 자세와, 막연히 재테크가 두렵고 낯설다는 이유로 미루면서 일단 1억부터 모으겠다는 자세는 천양지차이다.

투자는 두렵고 어려운 것이 아니다. 단지 익숙하지 않고 낯설어 막연한 두려움을 느낄 뿐이다. 일단 가볍고 쉬운 거시경제 책부터 읽어나가 보자. 숲을 멀리서 바라볼 줄 아는 사람이 나무들 사이에서 길을 잘 찾는다.

또한 재테크는 항상 100점을 맞아야 하는 시험 같은 게 아니다. 처음부터 높은 수익률을 내야 한다는 부담감을 가지지 말자. 여러분은 월가의 투자 전문가가 아니다. 대신 내가 오늘 당장 실천할 수 있는 '행동목표'부터 하나씩 클리어해보자. 증권사를 개설하고 환전을 하고 평소 관심 있었던 기업의 주식을 1주라도 사보는 거다.

그럼 벌써 여러분은 이미 재테크를 시작한 것과 다름없다. 당신의 첫걸음을 진심으로 응원한다.

꼭 1억이 있어야
투자할 수 있을까?

흔히 투자를 하기 전에 시드머니인 '1억'부터 모아라는 말들을 많이 한다. 글쎄, 1억을 직접 모아보니 이전엔 미처 알지 못했던 사실들이 몇 가지 있다.

1억부터 저축하라고 말하는 큰 이유 중 하나는 바로 수익금액 때문이다. 같은 수익률이어도 시드머니 크기에 따라 수익금액이 달라질 수 있다. 맞는 말이다. 같은 수익률 10%여도 500만 원을 투자했을 때와 5,000만 원을 투자했을 때의 수익금액은 각각 50만 원, 500만 원으로 450만 원 차이가 난다.

그런데 번 금액은 달라도 궁극적으로 똑같은 수익률을 냈다는 사실엔 변함이 없다. 사람들은 이 50만 원을 과소평가하는 경향이 있다. 하지만 시장의 흐름을 읽을 줄 알고 좋은 회사를 고를 수 있으며 적절한 매수매도 타이밍을 아는 능력은 동일하다. 1억을 모은다고 해서 이 능력이 하늘에서 뚝 떨어지지 않는다.

내가 다시 1억을 모으기 전으로 돌아간다면 비상금 1,000만 원 정도만을 먼저 모아두고 소액으로나마 투자를 시작할 것이다. 책으로 배우는 것과 실제 투자를 해보는 것엔 큰 차이가 있다. 투자 경험이 많아질수록 시장을 보는 감각이 날카로워진다. 이 경험이 나중에 더 큰 수익을 낼 수 있게 만들어준다.

손실도 마찬가지다. 나중에 큰돈을 잃으니 지금부터 적은 금액으로 투자해 봐야 실수를 만회할 수 있다.

투자할 시간에
자기계발하는게 더 이득?

"투자할 시간에 자기계발해서 내 몸값을 높이는 게 더 좋지 않을까요?"

이 말이 맞으려면 아래 질문에 모두 YES라고 말할 수 있어야 한다.

- 퇴근하고 나서 직무능력이나 자기계발에 쏟는 시간이 최소 2시간 이상인가?
- 그 시간이 실질적으로 이직하는 데 도움을 줄 수 있나? (여기서 이직은 2년 내

동일 업종으로 갈 경우 최소 두 자릿수의 연봉 인상률을 성공적으로 협상하는 것을 뜻한다.)

- 자기 사업을 운영하고 있다면, 매출증진을 위해 시간을 투자하고 있는가?
- 내가 최종적으로 희망하는 구체적인 연봉 액수를 알고 있는가?
- 이를 위해서 내가 오늘부터 당장 해야 할 일이 무엇인지 남들에게 설명할 수 있는가?

위 질문에 대답을 조금이라도 망설였다면 미안하지만 당신은 '정말로' 몸값을 높이는 덴 간절하지 않은 사람이다.

앞에서 나의 진짜 욕망과 자기합리화를 잘 구분할 수 있어야 된다고 말했다. 구체적인 중장기 계획을 가지고 필요한 자격증을 따고 포트폴리오를 쌓으며 투자 때를 기다리는 사람과 '사회 초년생 땐 투자보단 자기 계발이래~'라며 퇴근 후 하릴없이 폰만 들여다보는 사람의 차이는 천지차이다.

내가 앞으로 알려줄 자동 투자 방법은 실제로 여러분의 시간과 에너지를 크게 빼앗지 않는다. 게다가 투자를 지금부터 병행하면 좋은 점이 또 있다.

투자를 하면 자연스럽게 경제에 관심을 가지게 된다. 경제를 알면 돌아가는 시장 흐름이 보인다. 어떤 산업이 망해가고 있고 또는 반대로 미래에 유망할지 흥망성쇠를 알 수 있게 된다. 사양산업에서 백날 직무 능력을 개발해봤자 높일 수 있는 몸값의 한계는 극명하다.

　시장을 잘 알고, 상승하는 산업에 몸을 담고, 내 능력을 키워나가다 보면 자연스럽게 나를 찾는 사람들이 많아지고 몸값은 올라가게 되어있다.

커피 한 잔이
810만원이 되는 마법

"소액으로도 투자가 가능하다고 말씀하셨지만, 월세에 이자에 각종 생활비를 다 빼고 나면 남는게 없는걸요?"

그 마음 이해한다. 당장 이번 달도 겨우 숨이 트일 정도로만 생활이 가능한데 투자라니, 사치처럼 느껴질 수 있다. 하지만 우리는 의외의 곳에서 투자비용을 쉽게 얻을 수 있다.

하루 중 내가 무심코 구입하는 물건이나 서비스는 무엇인가? 또 이를 아낄 수 있는 방법이 있을까? 나의 경우엔 밖에서 사먹는 아이스 아메리카노가 여기에 해당되었다. 집에서도 충분히 커피를 만들

수 있으니 아낄 수 있는 돈이다.

- 커피 한 잔값이 **4,500원**
- 일주일 내리 사먹는다면 **31,500원**
- 한달 내내 카페인으로 수혈을 한다면 **135,000원**
- 1년을 사먹으면 **1,620,000원**
- 5년을 사먹으면 **8,100,000원**
- 10년을 반복하면 **16,200,000원**이 된다.

물론 커피를 365일 눈이 오나 비가 오나 밖에서 사먹진 않겠지만, 이해를 쉽게 돕기 위하여 이렇게 가정해보았다.

겨우 4,500원이지만 하루하루 축적될수록 엄청난 금액으로 불어난다는 사실을 이제 알게 되었다. 즉, 내가 이 커피 비용을 한 달만 아껴도 135,000원으로 월 적립식 투자를 할 수 있다는 이야기다. 당신도 이렇게 당장 돈의 씨앗이 될 수 있는 비용을 한 번 찾아보길 바란다.

부자들은 작은 돈도 허투루 생각하지 않는다. 내가 좋아하는 워런 버핏의 말이 있다.

"평소에 큰 돈이 나가는 것은 신경 쓰면서 사소하게 작은 돈이 나가는 것들은 신경을 덜 쓴다. 하지만 이게 반복되면 크나큰 지출로 이어진다는 걸 명심해야 한다."

돈의 씨앗 금액 찾기

- 내가 아낄 수 있는 물건과 서비스의 가격은?
- 한 달 소비금액은? _____ X 30 = _____
- 1년 소비금액은? (한 달 소비금액) X 12 = _____
- 5년 소비금액은? (1년 소비금액) X 5 = _____
- 10년 소비금액은? (5년 소비금액) X 2 = _____

예시)
매일 사먹는 커피 한 잔, 안 본지 오래된 OTT 구독료, 매 달 빠져나가고 있는 쇼핑 플랫폼 구독료, 스트레스 받아 무심코 쓰는 비용, 야식, 배달음식, 간식, 습관적으로 충동구매하는 옷들, 값비싼 휴대폰 요금제 등등

나의 소비 가치관을 만들어준
책 속의 문장들

"누나는 돈도 잘 벌면서 왜 지갑을 안 바꿔?"

해질 대로 해진 낡은 나의 옛날 지갑을 보며 꼭 주변 사람들이 한 마디씩 하곤 했다. 그도 그럴 것이 대학생 때부터 써서 검정색 가죽은 중간중간 벗겨져 흰 부분이 보였고, 반려동물인 코코가 어렸을 때 물어뜯은 이빨자국도 그대로 나있었다.

내가 지갑을 바꾸지 않은 이유는 크게 3가지였다. 첫 번째는 다른 지갑을 알아보는 일이 너무 귀찮았다. 딱히 마음에 드는 지갑도 없었다. 집에 쓸데없는 짐이 쌓이는 걸 싫어해서 아무리 저렴하더라도

꽂히지 않으면 구매하지 않는다. 두 번째, 스무 살 때부터 써서 이상한 애착이 생겼다. 세 번째, 내가 가진 물건이 곧 '나 자신'이라고 생각하지 않았기 때문이다.

'아니, 결국 지갑 안에 든 카드에 돈만 많으면 되는 거 아닌가?' 통장엔 돈이 하나도 없으면서 지갑만 명품인 것은 다 소용없다고 생각했다. 사람들에게 겉으로 보여지는 모습보다 내가 돈을 벌 수 있는 실제 능력과 마음가짐이 더 중요하다고 판단했다. 포장지만 화려하고 속은 텅텅 빈 깡통이 되기 싫었다.

명품 백 부럽지 않은데요 ────

　직장인 시절, 연봉이 목표 이상으로 크게 높아졌음에도 불구하고 그 흔한 명품 백 하나 없었다. 지갑과 마찬가지로 명품 백이 곧 나의 모든 것을 대변한다고 생각하지 않았다. 요즘은 누구나 신용카드 할부로 구매할 수 있고 또 선물을 받기도 하니 나의 능력과 실력을 명품으로 증명하는 게 부질없다 생각했다.

　어렸을 때부터 자동차나 물건처럼 사자마자 가치가 떨어지는 것이 아니라 주식, 부동산처럼 가지고 있으면 가치가 오르는 자산에 더욱 관심이 많았던 것 같다. 남에게 보여주기 위해 사는 물건은 결국 그 브랜드 일가의 자산만 불려주는 셈이지, 내 통장을 풍요롭게 만들어주지 않는다는 사실을 깨달아야 한다.

　사회 초년생 때부터 이런 가치관을 일찍 정립한 탓에 주위에서 비싼 물건을 자랑해도 부럽지 않았다. 이미 내 삶의 우선순위를 명확하게 알고 있었기 때문이다. 내가 가치를 두지 않는 소비는 줄이고 그 대신 계속 경력을 쌓아가며 소득을 높이려 부단히 노력했다.

　지금 생각해 보면 이런 나의 가치관들은 그냥 생기지 않았다. 그 시절 읽었던 책 속에서 우연히 만난 문장들이 나의 생각을 이루는데 큰 역할을 하였다. 그래서 나에게 영감을 주었던 문장들을 여러분들과도 공유하고 싶다. 부디 마음에 와닿는 하나의 문장이라도 만나게 되기를 바란다!

그 물건을 구매하는 것이 정말 나의 기쁨을 위함인지, 아니면 보여주기 위한 소비인지 생각해 봐야 한다. 남에게 뒤지지 않기 위한 소비는 열등감, 경쟁심에 따른 것이다. 그런 소비는 여러분을 행복하게 하지 못한다. 이 세상 어느 누구도 내가 그 물건을 가졌다는 사실을 몰라도 혼자 만족할 수 있어야 한다. 내가 행복하면 그냥 행복한 것이지 누군가 내 행복을 알아주어야 행복해지는 것은 아니다.

<돈, 일하게 하라> 박영옥

특히 마지막 두 문장을 읽고 머리를 한대 얻어맞은 것 같았다. '나는 이때까지 아무도 알아주지 않더라도 스스로 만족하는 소비를 해왔던가?' 아니었다.

'내가 이걸 가지고 있으면 남들과 다르게 보이겠지?'

'내가 이걸 사면 좋은 취향을 가진 사람으로 비춰지겠지?'

물건을 가졌을 때 실용성보단 사람들이 바라볼 나의 모습을 상상하기 바빴다. 당연히 그런 물건들을 구매하고 나서 만족감이 오래 가지 못하였던 건 자연스러운 일이었을지 모른다.

> "당신이 소유한 것들이 결국 당신을 소유하게 되지"라는 문장이 있습니다. 욕망에 대해 다룬 <파이트 클럽>이란 영화의 대사입니다.
>
> <터지는 콘텐츠는 이렇게 만듭니다> 박창선

처음에 물건을 산 사람은 본인이지만 점차 그 물건의 존재감이 더욱 커져, 마치 물건의 노예로 전락하는 사람들을 많이 보았다. 말 그대로 주객전도 당하는 꼴이다.

이전에 어디선가 우연히 들은 얘기다. 한 사람이 큰맘을 먹고 값비싼 명품 백을 하나 장만했다고 한다. 그리고 소나기가 억수로 내리는 어느 날 우산이 없어서 발을 동동 구르고 있었다고 한다.

다른 사람들은 옷이나 가방으로 비를 맞으며 갔지만, 그 사람은 잠시 고민하더니 명품 백을 본인의 품 속에 고이 넣고 정작 본인은 머리부터 발끝까지 쫄딱 비를 맞으며 갔다고 한다.

물론 다른 사람들이 명품을 사는 것을 반대하지 않는다. 그들의 자유이자 선택이기 때문이다. 하지만 자신보다 물건을 더 소중하게 여기는 건 어딘가 잘못된 모습처럼 보인다.

이 이후로 나는 내가 산 물건에 스스로가 종속되지 않도록 주의를 기울이는 편이다.

물질적 소비로 얻는 효용은 양에 비례하지 않습니다. 돈이 많다고 로마 귀족처럼 산해진미를 매일 먹고 토하고 다시 먹어대는 것이, 아이가 생일날 부모의 손을 잡고 중국집에 가서 먹는 짜장면보다 수천 배의 만족감을 주지는 못합니다. 억대 오디오로 듣는 라흐마니노프가 싸구려 카세트로 듣는 라흐마니노프보다 수천 배 감동을 주지도 않습니다. 온갖 좋다는 세계 여행지를 다 섭렵한 사람이 느끼는 여행의 감동이 기차를 타고 정동진에 처음 가서 느끼는 감동을 능가할 리도 없습니다.

<판사 유감> 문유석

너무 인상 깊었던 문장이다. 이때 다짐했던 것 같다.

'내가 훗날 돈을 아무리 많이 번다고 하더라도 작은 데서 오는 행복을 놓치는 사람이 되지 말자.'

행복은 결국 물질의 양에 무조건 비례하는 것이 아니라는 걸 알기에, 내가 진짜 좋아하는 것과 나를 행복하게 만들어주는 것이 무엇인지 잊지 않고 살려고 노력하고 있다. 모든 일상에 무뎌져 더 자극적이고 더 많은 것을 요구하는 사람으로 살고 싶진 않다.

지구의 왕인 개미를 잡아먹는 개미귀신이라는 벌레가 있다. 개미귀신은 모래 속에 굴을 파고 개미가 빠지기를 기다린다. 재수 없는 개미가 함정에 빠지면 개미귀신은 끊임없이 모래를 뿌려 빠져나가지 못하게 한 후 잡아먹는다.
(중략)
개미귀신은 늘 자신의 마음속에 있다. 개미귀신이 개미에게 뿌려대는 모래는 내 마음속의 탐욕이다. 누구도 자신 안의 탐욕을 이길 수 없다.

<검사내전> 김웅

검사로 재직하며 다루었던 사건들을 에세이 형식으로 엮어 놓은 책이다. 그중 한 목사님이 7년 동안 사기꾼 집단에게 4억 이상의 돈을 갈취당한 사건이 하나 나온다. 사기라는 증거를 얼마든지 찾아보면 알 수 있었지만 욕심에 눈이 멀어 비극을 맞이한 사례다. (자세한 내용이 궁금한 분들은 한 번 책을 읽어보길 바란다. 저자 특유의 시니컬하지만

위트 있는 말투로 재미있게 읽은 책이다.)

누구에게나 해당되는 말이겠지만 나는 특히 재테크에 이제 막 관심이 생긴 사회 초년생 분들이 이를 더 새겨들었으면 좋겠다. 결국 더 많은 돈을 벌고 싶어 하는 사람들의 마음을 이용해 한 탕 해먹으려는 사기꾼들이 도처에 널렸다고 생각한다. (주식리딩방, 불법주식단톡방, 부동산 사기, 상가 사기 등등.)

쉽게 돈 벌 수 있는 방법은 그 어디에도 없다. 게다가 누군가 초대박 정보라며 알려준다면 '개이득!'을 외칠 것이 아니라 왜 그런 고급 정보가 나한테 왔을까라며 의심을 먼저 해보아야 한다. 슬프지만 그 정보가 여러분의 귀에 들어갔을 때쯤엔 이미 그 정보는 다양한 사람들을 거쳐 닳고 닳은 볼품없는 정보일 가능성이 높다.

내 돈은 스스로 지키고 책임져야 한다는 사실을 절대 잊지 말도록 하자.

더 큰 돈을 가져다 줄
돈의 씨앗 찾기

앞서 무조건 자린고비처럼 허리띠를 졸라매가며 저축하는 방법은 지속성이 짧다고 얘기했었다. 나는 아낄 수 있는 부분은 똑똑하게 아끼고, 돈을 써야 할 때는 써야 한다는 주의다.

예를 들어 비행기값을 최대한 저렴하게 할인받더라도 여행지에 가서는 먹고 싶은 것, 하고 싶은 것에는 돈을 아끼지 않는다. 돈은 또다시 벌 수 있어도 그때의 시간과 경험은 두 번 다시 돌아오지 않는다고 생각하기 때문이다.

그러니 여러분들도 절약 가능한 곳에서 돈을 아끼고, 그 돈으로 자신이 원하는 것을 하는데 더 알차게 쓰길 바란다. 내가 실제로 상당한 생활비를 방어할 수 있었던 여러 방법들을 아래에 적어놓았다. 재테크와 생활비 절약에 관심이 있는 분들은 이미 아는 내용일 수 있겠지만, 그래도 한 개쯤 놓치는 부분이 있다면 알뜰살뜰 얻어 가길 바란다.

1) 약 살 땐 도매 약국 이용하기

의외로 많은 분들이 모르는 생활비 절약 방법이다. 같은 영양제와 약이라고 하더라도 어떤 약국에서 구매하는지에 따라 가격이 천차만별 달라질 수 있다.

나의 경우 영양제와 약을 대량으로 구입해야 할 때는 일반 길거리에 있는 소매약국이 아니라 도매 약국을 찾아간다. 도매가로 구매할 수 있기 때문에 훨씬 저렴해지기 때문이다. 게다가 10% 할인 가능한 온누리 페이를 받는 곳도 있는데, 도매가에 10% 할인까지 더하면 더 저렴해지니 일석이조이다.

내가 실제로 구입했었던 영양제와 기타 약품들의 가격 차이를 한번 직접 보면 좋을 것 같다. 물론 약국마다 가격이 상이하고 도매 약국도 매일매일 가격이 달라질 수 있다. 따라서 미리 방문하기 전에 전화로 원하는 제품의 가격을 물어보는 것도 방법이다.

약품명	일반 약국 평균 가격	도매 약국 가격
비맥스 액티브 120정 (피로회복제)	50,000원~ 70,000원	35,000원
비맥스 메타 120정 (피로회복제)	70,000원 ~ 90,000원	38,000원
글루콤 30병 (피로회복제)	80,000원 ~ 90,000원	55,000원
이지엔식스 (진통제)	3,000원	1,800원
맥스클리어점안액 30일분 (인공눈물)	8,000원~10,000원	5,000원

- 서울 도매약국 리스트: 남시약국, 평화약국, 서울왕약국, 왕솔약국, 남대문 약국, 온유약국, 길동보령약국, 종보령약국 (종로엔 꼭 유명한 곳이 아니더라도 골목 중간 중간에 저렴한 도매약국들도 많으니, 참고하도록 하자!)
- 경기 도매약국 리스트: 안양종로약국

2) 기프티콘 이용하기

만약 프랜차이즈 음식, 배달음식, 카페 식음료를 많이 먹는다면 기프티콘을 이용하는 것도 좋은 방법이다. 내가 주로 사용하는 어플은 기프티스타이다.

저렴한 금액으로 상품권들이나 기프티콘을 판매하고 있기 때문에, 쏠쏠하게 생활비를 방어하기 좋다.

기프티스타 말고도 니콘내콘, 팔라고, 일상카페 등 다양한 기프티콘 할인 앱들이 많으니, 비교해 본 후 본인에게 맞는 어플을 골라서 사용하도록 하자.

3) 서울특별시 에코 마일리지 제도 활용하기

만약 현재 서울시에서 거주하고 있다면 '에코 마일리지' 제도를 이용해 보도록 하자. 과거에 비해 에너지 절약을 최소 5% 이상하였을 경우 마일리지(보상품)를 받을 수 있는 좋은 제도다.

인터넷 또는 방문 신청으로 에코마일리지 회원 가입을 한 후, 개인은 6개월 단체는 4개월마다 회원별 에너지 사용량을 이전 연도와 같은 기간을 비교하여 절약을 잘 한 우수회원들에게 마일리지가 지급된다. (이때 마일리지 지급 대상 회원에게는 휴대전화로 통보가 온다.)

- 인터넷(온라인) : 에코마일리지 홈페이지 (https://ecomileage.seoul.go.kr)
- 방문 신청(오프라인) : 구청 또는 동주민센터

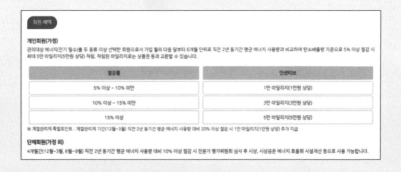

절감률이 5% 이상 ~ 10% 미만이면 1만 마일리지를, 10% 이상 ~ 15% 미만 절약했다면 3만 마일리지를, 15% 이상 절감했다면 5만

원 상당의 5만 마일리지를 받을 수 있다.

특히나 에너지 사용량이 많은 12월에서 3월에 평균 에너지 사용량 대비 20% 이상 절감 시 1만 마일리지가 추가 지급되니 참고하도록 하자.

나 또한 이전에 이를 가입했었고 예상치 못하게 5만 마일리지 상품권을 받아, 쏠쏠하게 사용했던 적이 있다. 에너지도 절약하고 그에 따라 보상도 받을 수 있으니 한 번 가입해두도록 하자!

4) 알뜰폰 요금제 활용하기

사실 이미 많은 분들이 알뜰폰 요금제를 사용하고 있으리라 생각한다. 실제로 많은 알뜰폰 요금제와 통신사를 써봤지만 일반 요금제와 크게 다른 점을 느끼지 못하였다. 게다가 요즘 일반 요금제의 멤버십 혜택이 많이 줄어들어 차라리 요금을 훨씬 아낄 수 있는 알뜰폰 요금제가 더 낫다고 생각했다.

알뜰폰 요금제를 비교할 수 있는 사이트들은 아래에 기입해두었으니, 직접 비교해 보고 고르도록 하자!

모요	폰비	알뜰폰 Hub
아요	우체국 알뜰폰	세티즌

5) TV가 없다면 TV 수신료 해지하기

관리비 고지서에 TV 수신료가 적혀있는 것을 본 사람들이 아마 있을 것이다. 이는 KBS, EBS와 같은 공영방송을 운영하기 위한 재원으로 쓰인다. 집에 TV가 있다면 해당 채널을 보든 안 보든 상관없이 방송법에 따라 월 2,500원의 요금을 무조건 내야 한다.

따라서 집에 TV가 없다면 바로 해지하도록 하자. 적은 금액이라 하더라도 TV도 없는데 해당 요금을 내야 한다면 너무 아깝기 때문이다. 게다가 고지된 수신료를 기한 내에 납부하지 않으면 3%의 가산금도 내야 하니 해지하는 것이 좋다.

TV 수신료 해지 방법

1) KBS 홈페이지 접속 > KBS 소개 > 수신료 > TV 신규 등록/TV 말소 신청

2) KBS 콜센터 전화 1588-1801

6) 여행 갈 때 숙소 최저가 찾는 방법

나는 기본적으로 여행 다니는 것을 매우 좋아하기 때문에, 여행 경비 중 가장 많은 비용을 차지하는 '숙박비'만 잘 아껴도 이득이라 생각했다.

국내와 해외여행을 많이 다닌 나도 최근까지 몰랐던 '숙소 최저가 찾는 법'을 알려드리려고 한다. 찾는데 10분도 안 걸리지만 잘 하면 최소 10만 원에서 20만 원까지 아낄 수 있다.

1) 가고자 하는 숙박명을 구글에 검색한다.

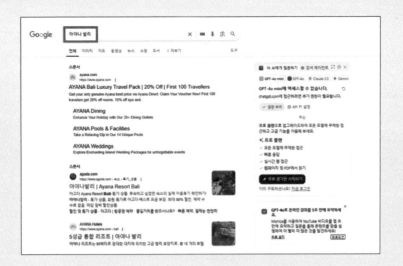

2) 같은 날짜에 플랫폼별 가격을 비교할 수 있는 '더 보기'를 누른다.

3) 제일 최저가로 판매하는 사이트를 확인한 후, 예약 진행한다.

2월 1일 체크인으로 검색해 보면, 가장 비싸게 판매하는 곳과 가장 저렴하게 판매하는 곳의 차이가 무려 약 12만 7,000원이나 된다.

나는 아고다가 최저가 보장제를 운영하는 만큼, 플랫폼 중 가장 저렴할 줄 알았는데 막상 여행을 다녀보니 아닌 경우가 더러 있었다.

그러니 여러분들도 해외와 국내여행을 할 때 이 방법을 사용하여 숙소비를 많이 아끼길 바란다. 그렇게 아낀 돈으로 여행지에서 더 맛있는 걸 사 먹고 더 좋은 것들을 경험하면 좋겠다.

7) 이사 갈 땐 장기수선충당금 돌려받기

세대냉방비(과)	**13,600원**
	▼ 26,040원 감소
공동열요금(과)	**120원**
	-
산업용전기료(과)	**1,370원**
	▼ 130원 감소
관리비차감(과)	**-3,330원**
	-
장기수선충당금	**4,710원**
	-

관리비 고지서를 유심히 본 사람들이라면 한 번쯤 이런 단어를 보

았을 것이다. '장기수선충당금'. 이게 도대체 어떤 것을 위해 청구되는 비용일까?

장기수선충당금이란 공동주택을 오랫동안 안전하고 효율적으로 사용하기 위하여 필요한 주요 시설물 교체 및 보수를 위해 필요한 비용을 뜻한다. 충당금은 주택 소유자로부터 징수되며 통산 관리비 고지서에 합산되어 청구된다.

다시 말해 장충금은 기본적으로 임대인(집주인)이 내야 하는 비용이다. 그런데 편의상 관리비에 포함돼 있고 이를 임차인이 납부하는 경우가 많다.

따라서 만약 계약이 종료되고 이사를 가야 한다면, 소유자에게 이를 청구해서 돌려받아야 한다. 원래 집주인이 내야 할 돈을 임차인이 대신 지불했기 때문이다.

아파트나 해당 건물 관리 사무소에 가서 거주 기간에 납부했던 장충금 내역서를 달라고 한 다음, 이를 집주인에게 달라고 하면 된다.

만약 집주인이 장기수선충당금 반환을 거절한다면, 반환 소송도 제기할 수 있다. 집주인에게 내용증명을 보내고 채권 청구 및 법원에 지급 명령을 신청하여 법적 조치를 취할 수도 있으니 참고하도록 하자.

일반관리비(비)	**10원**
	-
소독비(비)	**270원**
승강기유지비(과)	**1,120원**
	-
수선유지비(과)	**2,470원**
	▲ 810원 증가
청소비(과)	**12,470원**
	▲ 230원 증가

이때 '장기수선충당금'과 헷갈릴 수 있는 것이 바로 '수선유지비'이다. 수선유지비도 공공 주택 수선을 위해 쓰이는 돈이라 비슷하지만 장기수선충당금과 달리 세입자 등 거주자에게 납부 의무가 있다. 주로 전구 교체, 공용 냉난방시설 청소 비용, 수질검사 비용 등이 수선유지비로 청구되니 알아두도록 하자.

8) 대중교통 혜택 카드 이용하기

국민들의 교통비 부담을 덜어주기 위해, 기후동행카드, K패스, 더경기패스, 인천 I-패스와 같은 대중교통 혜택 카드들이 출시되었다. 나 또한 현재 K패스를 잘 사용하고 있으며, 달마다 환급되는 금액이 생각보다 커서 쏠쏠하게 잘 사용하고 있다.

아직 사용하고 있지 않은 분들 혹은 더 유리한 혜택을 놓치고 있을 수 있는 분들을 위해, 아래의 표에 세 가지 대중교통 카드 혜택을 비교해보았다. 본인의 거주지역과 혜택들을 잘 비교하여 선택하도록 하자.

구분	기후동행카드	K 패스	더경기패스	인천 I-패스
주최	서울시	국토교통부	경기도	인천시
지원 방식	선불 충전 (정액권)	사후 환급		
대상	서울시민 누구나	만 19세 이상 국민	경기도인 19세 이상 도민	19세 이상 인천시민
이용가능 교통수단	서울지역 지하철 + 김포골드라인, 서울시 면허 시내·마을버스, 따릉이 (신분당선, 서울지역 외 지하철, 광역/공항버스, 타 지역 면허버스 제외)	전국 대중교통 수단	전국 대중교통 수단 (경기, 광역버스, 신분당선, GTX 제주버스 포함)	마을버스, 시내버스, 광역버스, 수도권, 부산, 대구, 광주, 대전 도시철도, 광역급행철도 (시외버스, 고속버스, KTX, SRT, 새마을, 무궁화호 등 제외)
할인 혜택 (환급 방법)	월 무제한 이용 월 65,000원 (따릉이 포함) 월 62,000원 (따릉이 제외)	월 대중교통 15회 이상 이용시 최대 60회 지급 일반: 20% 청년(19~34세): 30% 저소득층: 53%	월 15회 이상 대중교통 이용시 무제한으로 교통비 실사용액의 일정 비율 지원 20,30대 청년 : 30% 만 40세 이상 : 20% 저소득층: 53%	월 15회 ~ 무제한 매월 적립금 자동 환급 일반 : 20% 청년 (19~39세) :30% 65세 이상: 30% 저소득층 : 53%
카드 종류	모바일카드 (안드로이드만 가능) 실물카드는 최초 구매시 3천원 지불	선불충전식, 후불형 체크카드, 신용카드 모두 이용 가능	전용 체크카드, 신용카드 발급	신용카드, 체크카드, 모바일선불카드 이용가능

미래의 내 퇴직금으로
미리 투자할 수 있다고?

만약 이미 많은 생활비 분야에서 돈을 절약하고 있음에도 투자할 금액이 마땅치 않다면 또 다른 방법이 있다. 직장인이라면 나중에 받을 퇴직금의 일부를 미리 받아 투자 자금으로 쓸 수 있다. 바로 '퇴직연금'제도를 이용하면 된다. 단어가 어려워 보인다고 겁먹을 필요는 절대 없다. 100% 완벽하게 이해하려 하지 말고 '이런 제도가 있구나~' 정도로만 가볍게 읽어주길 바란다.

퇴직금을 직접 선택하라고요?

어느 날 회사에서 퇴직연금 DB형 또는 DC형 둘 중 하나를 선택할 수 있다고 하였다. '퇴직금은 퇴사할 때쯤, 회사가 알아서 주는 게 아니었나? 퇴직연금은 뭐고 DB형, DC형은 또 뭐람?' 설명서를 아무리 읽어봐도 단박에 이해하기 어려웠다. 복잡한 숫자와 어려운 용어들 때문에 거의 정신이 나갈 지경이었다. '도대체 이게 무슨 말이야! 그래서 뭘 선택하라는 건데!'

과연 이 무시무시해 보이는 단어 '퇴직연금'은 도대체 무엇일까? 1년 이상 근무한 직장인이라면 누구나 회사로부터 퇴직금을 받는다. 이때 내 퇴직금을 회사가 아니라 은행, 증권사, 보험사와 같은 금융기관에서 대신 맡아 운용해 주는 것을 퇴직연금이라 한다.

'퇴직금은 회사에서 주는 것인데 왜 다른 곳에서 그 돈을 가지고 있나요?'라고 의아해 할 수도 있다. 일단 첫 번째 이유는 회사가 망했을 때 직원들이 퇴직금을 못 돌려받는 일이 없도록 하기 위함이다. 일종의 보험과 같은 역할을 하는 셈이다. 두 번째는 직원들의 노후준비를 돕기 위해서다. 연금이라는 말처럼, 노후 자금으로도 사용할 수 있다.

그런데 이 퇴직연금도 종류를 직접 선택할 수 있다. 대부분의 직장인은 자신의 퇴직연금이 어떤 형태인지 모르는 경우가 많다. 재테크에 관심이 생겼다면 전혀 어렵지 않으니 한 번 자세히 알아보도록 하자.

퇴직연금 종류엔 DB형 (확정 급여형)과 DC형 (확정 기여형)이 있다. 먼저 대한민국의 직장인 대다수가 가입되어 있는 DB형부터 알아보도록 하자.

내 연봉과 근속연수에 따라 받는 DB형 (확정급여형)

DB형은 퇴직금을 회사 내에 적립하는 것이 아니라 금융기관에 미리 적립하고 운용하는 제도다. 그 돈을 운영해서 이익이 나면 회사에도 이득이지만, 손실이 나면 회사가 대신 메꿔야 한다. 결국 퇴직금을 받는 직원 입장에선 금액 변동이 없다. 따라서 '확정 급여형'이라고도 하는 것이다.

그렇다면 DB형의 계산 방법은 어떻게 될까? 퇴사 전 3개월의 평균 급여에 근속연수를 곱한 것이 바로 대략적인 나의 퇴직금이다.

예시를 한 번 보자. 만약 퇴사 전 3개월의 평균 급여가 250만 원이었고 4년간 근무했다면 내 퇴직금은 1,000만 원이 된다.

EX) 250만 원 X 4년 = 1,000만 원

여기까지가 DB형의 설명이었다. 여기서 추가로 DC형까지 알고 있는 것이 좋다. 두 개가 서로 운용방식도 다르고 얻을 수 있는 혜택이 다르기 때문이다.

내가 직접 투자할 수 있는 DC형 (확정기여형)

최근 재테크에 대한 관심이 늘면서 DC형 가입자도 꾸준히 증가하고 있다. DC형은 회사가 아니라 바로 '내'가 퇴직금을 운용하는 것이다. 원래 퇴직금은 퇴사 시점에 받는 것이 일반적이다.

하지만 DC형으로 선택하면 회사로부터 1년에 한 번 이상 정기적으로 내 퇴직급여 계좌로 돈을 받을 수 있다. 그 돈을 가지고 펀드나 ETF와 같은 상품에 투자할 수 있는 것이다. (이때 개별 주식 종목엔 투자할 수 없다.)

그럼 이때 얼마의 돈을 미리 받을 수 있는지 궁금할 것이다. 매년 임금 총액을 12로 나눈 한 달 치 평균 월급을 미리 퇴직급여 계좌로 받을 수 있다. 만약 이 금액이 적게 느껴진다면 내가 추가로 돈을 더 넣어서 투자할 수도 있다.

내가 스스로 투자할 수 있다는 자유로움이 있기에 이익이 나면 퇴직금도 커져서 좋지만, 이는 손실이 나면 오로지 내가 책임져야 한다는 뜻이기도 하다.

다시 말해 회사가 내 퇴직금을 운용해 주며 연봉과 근속연수에 따라 금액이 정해져있는 것은 DB형, 반면 내가 직접 퇴직금의 일부를 미리 받아 투자할 수 있는 것은 DC형이다.

DB형 VS DC형

그럼 DB형과 DC형 둘 중에 어떤 것을 골라야 더 이득일까?

DB형 (확정급여형)	DC형 (확정기여형)
- 연봉상승률 높음 - 근속 연수 김 - 투자 신경 쓰고 싶지 않음	- 투자 경험을 쌓고 싶음 - 퇴직금으로 투자 해보고 싶음

만약 앞으로 연봉과 근속연수가 많아질 것 같고 투자에 신경 쓰기 싫다면 DB형을, 투자를 미리 경험해 보고 퇴직금의 일부로 공격적으로 수익률을 내고 싶은 사람은 DC형이 적합하다.

> **DB > DC** (1회 변경 가능)
> **DC > DB** (변경 불가능)

이때 처음에 DB형을 선택했다고 하더라도 DC형으로 1회 변경 가능하다. 하지만 DC형에서 DB형으로 변경하는 것은 불가하니 참고하도록 하자.

연금 백만장자가 많은 나라, 미국

이전에 미국 연금 401K를 다룬 경제 기사를 읽고 깜짝 놀란 적이 있다. 여기서 401K는 앞서 설명한 DC형 (확정 기여형)과 비슷한 퇴직연금제도다. 대부분의 미국인이 퇴직금을 가지고 투자하여, 백만 달러를 가지게 된 사람들이 많다는 것이었다. 백만 달러를 원화로 환산하면 대략 14억 정도가 된다.

금융 위기 직후인 2009년에는 401K 가입자 중 백만장자가 2만 1,000명에 불과하였지만 그로부터 14년 뒤엔 약 37만 8,000명으로 늘어났다. 18배나 급증했다는 것이다.

미국인들은 대부분 미국 증시의 주식형 펀드에 투자한다고 한다. 최근 10년간 미국 401K 연평균 수익률이 8~10%였으니, 꾸준히 투자하였다면 자산이 눈덩이처럼 불어났을 것이다.

우리나라도 미국처럼 재테크와 자산에 더욱 관심을 가져, 더 많은 백만장자가 나왔으면 좋겠다. 지금 이 글을 읽고 있는 여러분이 백만장자가 된다면 더할 나위 없이 좋겠다.

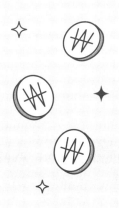

PART
3

'자동 투자 시스템'
만들기

국내가 아닌
미국 주식을 선택한 이유

예적금 저축만으론 도저히 이 자본주의 사회에서 부자가 될 수 없을 것 같았다. 물가 상승률로부터 내 자산을 지키기 위해서라도 투자는 선택이 아니라 필수였다. 여러 가지 이유들을 따져보고 국내가 아닌 미국에 투자하기로 결정했다.

첫 번째 이유는 바로 젊은 피가 계속해서 유입되는 나라기 때문이다. 선진국의 공통 문제는 고령화에 따른 노동력 부족이다. 하지만 미국에선 이를 '이민자'들로 상쇄시키고 있다. 미국 의회예산국(CBO)에 따르면 2023년 기준으로 이민자 수가 330만 명으로 늘었다고 한다. 연 100만 명 수준에서 두 배 가까이 증가한 것이다.

두 번째 이유는 전 세계 상위 기업들이 미국에 포진해 있기 때문이다. 우리나라에서 굵직한 대기업들은 대부분 반도체, 자동차, 조선 산업에 치중되어 있다. 경기 사이클에 따라 급등락이 심한 경기 민감주들이다. 맘 놓고 오랫동안 계속 투자를 이어나가기 쉽지 않다.

반면 미국은 경기가 좋으나 나쁘나 일정하게 실적을 내는 우량한 기업들이 많다. 맥도날드, 존슨앤존슨, 도미노피자, 코카콜라, 펩시, 스타벅스 등. 불경기에도 사람들은 이 기업들의 물건을 꾸준히 구매한다.

게다가 4차 산업혁명의 중심에 있는 기업들도 대거 미국에 있다. 애플, 아마존, 구글, 메타, 엔비디아, 마이크로소프트 등. 미국에 투자한다는 것은 이런 기업들과 함께 성장해나가는 것과 같다.

마지막 이유는 달러 파워를 가진 패권국가이기 때문이다. 암호화폐의 등장으로 탈중앙화가 거론되지만, 그럼에도 여전히 달러가 가지는 힘이 막강하다는 사실은 부인할 수 없다. 경제가 불안할수록 달러 가치는 올라간다. 안전자산으로 여겨지는 달러를 누구나 보유하고 싶어 하기 때문이다.

이런 배경으로 국내가 아닌 미국을 선택했다. 그럼 어떻게 구체적으로 미국에 투자할 수 있을까?

워런 버핏
유서에 등장한 힌트

워런 버핏은 투자를 잘 모르는 아내를 위해 이런 유서를 남겼다. "90%는 스탠더드 앤드푸어스 S&P500 인덱스 펀드, 나머지 10%는 미국 국채에 투자하라."

신용평가 회사 '스탠더드 앤드푸어스'에서 산업 대표성, 기업 규모 등을 고려해 미국 시장의 500개 기업을 뽑아 산정한 지수를 S&P500이라 말한다. 왜 개별 기업이 아닌 S&P500을 사라고 했을까?

일단 S&P500 투자의 좋은 점 첫 번째는 시간과 에너지를 절약할 수 있다는 점이다. 직장인이 퇴근 후 기업의 재무제표를 분석하고 산업 리포트를 읽고 주기적으로 발행되는 분기 보고서까지 챙겨 읽는다는 건 사실 여간 성실하지 않고선 지속하기 힘들다. 하지만 S&P500은 자산운용사에서 알아서 기업들을 편입해 주기 때문에 자동으로 미국 500개 기업에 분산투자하는 효과를 지닌다.

그리고 두 번째 좋은 점은 과거의 데이터가 증명하듯 꾸준히 우상향하고 있다는 점이다. S&P500 지수를 추종하는 상품 중 하나인 SPY의 수익률을 한 번 보자. 2024년 5월 기준 1년 사이에 26.70%, 5년 내 84.65%, 10년 내 173.79%, 전체 기간으로 보면 1,044.98% 증가했다. 물론 과거가 미래에도 똑같이 재현된다는 보장은 할 수 없겠지만, 높은 확률로 미래에도 우상향할 것이라는 예측을 할 수 있다.

SPY 10년 주가 그래프

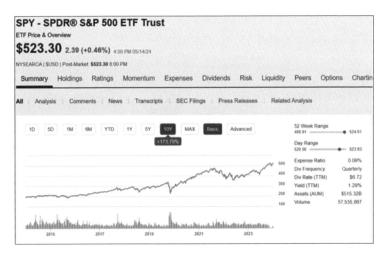

SPY 최대기간 주가 그래프

마지막 세 번째 좋은 점은 개별 기업에 투자했을 때보다 더 나은 수익률을 얻을 수 있다는 점이다. 보통 이렇게 시장 전체에 투자하는 걸 '패시브 투자 (수동적 투자)'라 부른다. 공격적으로 특정 기업에 투자하지 않고 시장의 흐름에 맡기기 때문이다.

반면 펀드 매니저들이 종목들을 선별하여 투자하는 것을 '액티브 투자 (적극적 투자)'라 말한다. 얼핏 보면 수재들이 직접 선택한 기업들에 투자하는 것이 더 높은 수익률을 안겨줄 것 같다. 과연 그럴까?

이와 관련해 버핏은 뉴욕 헤지펀드 운용사 프로테제파트너스와 흥미진진한 내기를 했다. 버핏은 S&P500에, 프로테제는 5개 헤지

펀드에 분산 투자를 하고 10년 뒤 누가 더 높은 수익률을 내는지 지켜보기로 했다. 이때 걸린 판돈이 32만 달러, 현재 환율로 약 4억 5,700만 원에 달한다.

결과는 어떻게 됐을까? 2008년 1월에 시작된 이 내기는 2017년 12월 29일 버핏이 압도적인 승리를 거머쥐었다. 거의 3배가 넘는 연평균 수익률을 기록했으니 말이다. 헤지펀드 연평균 수익률은 2.2%로 10년 총 수익률이 22%, 버핏의 연평균 수익률은 7.1%로 10년 총 수익률이 85%였다. 월가의 똑똑한 인재들이 모여 자존심을 걸고 투자했을 텐데도 시장 투자를 이기지 못했다는 건 시사하는 바가 크다는 걸 알 수 있다.

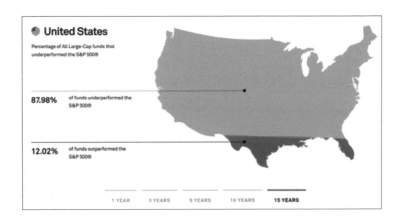

비단 프로테제뿐만 아니라 지금까지도 많은 자산 운용사들이 관리하는 상품들 중 S&P500 시장지수를 이기는 펀드는 극소수에 불

과하다. SPIVA 사이트에선 기간별로 일반 펀드가 시장 지수를 이길 확률을 시각화해서 보여준다. 2024년 5월 기준 15년 동안 S&P500 수익률을 이기는 펀드는 고작 12%에 불과하다.

영원한 1등 기업은
없다

"그냥 현재 시가총액 1등하는 기업을 꾸준히 적립식으로 사면 안 되나요?"

앞으로의 비전을 따져보지도 않고, 무조건 시총 1위 기업이라는 이유 하나만으로 매수하는 건 좋지않다. 아래 표에서 볼 수 있듯, 시가총액 순위는 항상 변화해왔기 때문이다.

컴퓨터의 상용화를 이끌었던 IBM은 1968년부터 1994년까지 무려 27년간 시가총액 1등을 지켰다. 하지만 90년대에 마이크로소프트가 윈도우 운영체제와 오피스로 크게 성장하면서 시총 1위의 새

연도별 시가총액 기준 기업 순위(상장기업 상위 5개사)

순위 연도	1위	2위	3위	4위	5위
2001년	제너럴 일렉트릭	마이크로 소프트	엑슨모빌	시티그룹	월마트
2006년	엑슨모빌	제너럴 일렉트릭	토탈	마이크로 소프트	시티그룹
2011년	엑슨모빌	애플	페트로 차이나	쉘	중국 공상은행
2016년	애플	알파벳	마이크로 소프트	아마존	메타 (당시 페이스북)

■ 기술 기업　　□ 기타 기업

"석유 부호들은 실리콘 밸리의 젊은 수재들로 대체되었다"

로운 얼굴이 되었다.

또 정유기업인 엑슨모빌은 2005년에서 2010년까지 약 6년간 1위였다. 전 세계적으로 자동차, 항공, 수송 산업이 부흥하게 되면서 에너지 수요가 높았기 때문이다. 하지만 지금은 환경 이슈로 전통적인 석유에서 전기, 태양, 풍력과 같은 친환경 에너지로 트렌드가 바뀌고 있다.

과거 시총 1위에 올랐었던 제너럴일렉트릭, 제너럴모터스, IBM, AT&T는 상위권에서 밀려난지 이미 오래다. 오히려 1997년 파산 위기였던 애플이 강력한 브랜드 파워를 가진 기업으로 도약한 건 참 아이러니하다.

즉, 시대의 흐름에 따라 얼마든지 1등은 바뀔 수 있다. 정보와 자본이 상대적으로 부족한 일반인 투자자가 한 기업의 흥망성쇠와 그 시기를 맞춘다는 건 상당히 어려운 일이다. 따라서, 맘 편하게 장기 투자를 하려면 자동으로 우량주들에 투자하는 S&P500이 적합하다.

'재벌집 막내아들'이
히트를 친 이유

　한때 '재벌집 막내아들'을 정말 재미있게 보았었다. 자체 최고 시청률 26.9%로 종영할 정도였으니, 인기가 새삼 대단했던 것 같다. 이 드라마는 왜 이토록 사랑을 받았을까? 배우들의 탄탄한 연기력, 몰입감 넘치는 스토리 등 여러 요인이 있겠지만 나에겐 주인공의 기상천외한 투자 수익률을 보며 카타르시스를 느끼는 게 가장 큰 재미였다.

　누구나 한 번쯤 이런 생각을 해보았을 것이다. '그때 그 주식을 샀더라면…' 주인공인 진도준은 과거에 수백 배 주가가 치솟은 종목을 기억해 어마어마한 수익금을 손에 쥐게 되었다. 많은 사람들이 이 장면을 보고 크게 대리만족하지 않았나 생각한다. 나도 종종 이런 생각을 한다. '과거에 예적금이 아닌 S&P500에 일찍 투자했더라면…'

S&P500의 1957년부터 2021년까지 연평균 수익률은 8.4%이다. 만약 매달 일정 금액을 S&P500에 10년 동안 투자한다고 가정해 보자. 그 결과는 아래와 같다.

투자금액	S&P500에 10년 투자 (연평균 수익률 8.4%)	아무것도 하지 않고 저축만 한 경우	차이
30만 원	5,651만 8,524원	3,600만 원	2,051만 8,524원
50만 원	9,419만 7,514원	6,000만 원	3,419만 7,514원
100만 원	1억 8,839만 5,081원	1억 2,000만 원	6,839만 5,081원

만약 여기서 투자 기간을 20년으로 늘리면 어떤 일이 생길까? 시간이 길어질수록 복리의 효과는 더 강력해진다.

투자금액	S&P500에 20년 투자 (연평균 수익률 8.4%)	아무것도 하지 않고 저축만 한 경우	차이
30만 원	1억 8,705만 3617원	7,200만 원	1억 1,505만 3617원
50만 원	3억 1,175만 6,028원	1억 2,000만 원	1억 9,175만 6028원
100만 원	6억 2,351만 2,065원	2억 4,000만 원	3억 8,351만 2065원

요즘 같은 시대에 8% 적금 찾는 일은 매우 어렵다. 만기도 짧을뿐더러 보통 상한 금액이 정해져 있다. 자산을 불리기에는 적합하지 않다. 왜 적금이 아닌 투자를 일찍 시작할수록 유리한지 알 수 있다.

아인슈타인은 살아생전 복리에 대해서 이렇게 말한 적이 있다.

Compound interest is the eighth wonder of the world. He who understands it, earns it . he who doesn't . pays it.

"여덟 번째 세계 불가사의는 바로 복리다.
복리를 이해하는 자는 돈을 벌고 그렇지 못하는 자는 지불하게 될 것이다."

알베르트 아인슈타인

그러니 지금부터라도 조금씩 투자를 시작해 보도록 하자. 시간을 우리 편으로 만들수록 더 많은 돈이 우리를 기다리고 있을 것이다.

한 번에 몰아서 살까?
적립식으로 살까?

"어차피 앞으로 우상향할거라면 현재 가지고 있는 돈을 몰빵해서 사는 게 더 좋지 않나요?"

이론적으로는 맞는 말이다. 하지만 사람은 AI와 달리 감정을 완전히 배제한 채 이성적으로만 행동할 수 없다. 주식 시장은 멀리서 보면 우상향하고 있지만, 가까이 들여다보면 요동치는 파도처럼 급등락이 계속 반복되고 있다.

만약 당신이 미국 주식은 계속 우상향할거라는 믿음을 가지고, 2020년 1월에 가지고 있는 돈을 모두 거치식으로 투자했다고 가정

SPY 최대기간 주가 그래프는 우상향하고 있다

하지만 5일동안의 주가는 롤러코스터와 같다

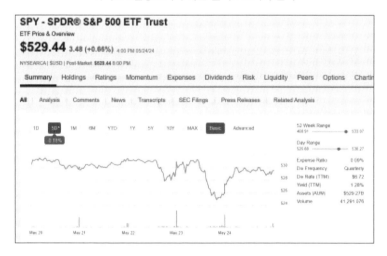

해 보자. 어느 날 중국에서 이름 모를 전염병이 사람들을 죽게 만든다는 뉴스를 듣게 된다. 확진자는 빠르게 늘어나고 공포로 주식시장

은 2개월 만에 약 20%나 하락한다.

다 지나고 난 지금이야 '그때 투자할걸…'이라고 후회하기 쉽지만, 막상 그 한 치 앞도 내다볼 수 없는 상황에서 자신의 재산을 몰빵한 채 평온할 수 있는 사람이 과연 몇이나 될까?

반면 적립식 투자는 나눠서 매수하므로 상대적으로 심리적 부담감이 덜하다는 장점이 있다. 첫 매수를 하고 주가가 떨어지더라도 계속 저렴한 가격에 살 수 있다. 평단가도 낮아지고 회복되었을 경우 더 큰 수익률을 얻을 수 있다. 게다가 모아둔 시드머니가 당장 없어도 바로 투자할 수 있으니, 복리 효과 또한 기대할 수 있다.

여기 참고할 만한 사례가 있다. 미국의 자산 운용사 찰스 슈왑은 정말 마켓 타이밍이 수익률에 큰 영향을 미치는지 실험해보았다. 가상의 인물 5명이 있고 모두 2003년부터 2022년까지 20년간 매년 초에 2천 달러 (한화 기준, 약 272만 원) 씩 받고 서로 다른 방식으로 S&P500에 투자하기로 한다.

첫 번째 인물 피터는 투자 고수다. 매년 초 받는 2천 달러를 투자하지 않고 때를 기다렸다가 최저점에 풀 매수한다.
두 번째 인물 애슐리는 매년 초 첫 거래일에 2천 달러를 모두 풀 매수한다.

세 번째 인물 매튜는 2천 달러를 12개월로 나누어 매월 초에 매수한다. 우리에게도 익숙한 월 적립식 투자라고 할 수 있다.

네 번째 인물 로지는 20년 동안 운이 나쁘게도 S&P500 ETF가 가장 비쌀 때마다 2천 달러를 풀 매수한다.

마지막 인물 래리는 주식투자를 전혀 하지 않는다. 하지만 항상 주가가 지금보다 낮아지고 투자할 수 있는 기회는 앞으로도 얼마든지 있을 거라는 믿음을 가지고 있다.

결과는 어떻게 나왔을까?

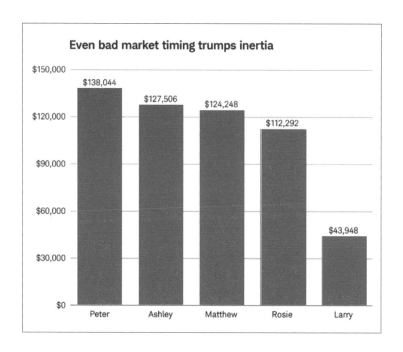

당연히 최저점 타이밍을 기가 막히게 알아차리고 매수한 피터의 수익이 가장 좋다. 하지만 여기서 고무적인 부분은 피터처럼 동물적인 감각이 없더라도, 연초 1회 또는 매월 초에 꾸준히 적립식 투자한 애슐리와 매튜의 수익률도 충분히 좋다는 사실이다.

여기서 또 살펴보면 좋은 점은 바로 로지와 래리이다. 로지는 항상 최고점에서 투자를 했다. 하지만 타이밍을 잘 맞추진 못하였으나 그래도 여전히 아예 투자를 하지 않은 래리보다 3배나 많은 돈을 벌 수 있었다.

실제로 찰스 슈왑 운용사에서는 20년 단위로 총 78개의 서로 다른 기간도 실험해 보았다. 78개 기간 중 68개의 기간에서 동일한 결과가 나왔다고 한다.

매년 갱신하는 S&P500 지수 때문에 "지금 미국 주식 너무 올랐던데, 들어가도 되나?"라는 걱정을 많이 한다. 하지만 지구상의 그 누구도 시장의 흐름을 정확히 예측할 수 없다. 최저점이 언제일지 계속 생각하느라, 정작 투자도 시작하지 못하고 다른 걸 하지 못한다면 이 또한 기회비용을 치르는 것이다. 그러니 내가 시장 타이밍을 맞추겠다는 욕심은 일찌감치 버리고, 소액으로나마 적립식 투자를 시작해 보자.

내 소득의 얼마를
투자해야 할까?

"제 월급의 얼마 정도를 투자하는 게 좋을까요?"

이제 막 사회생활을 시작한 분들이 나에게 많이 여쭤봐주시는 질문이다. 나 또한 투자에 관심이 생겼을 때 이 부분이 가장 궁금했었다.

당연히 투자금이 많을수록 좋은 것은 사실이다. 하지만 각자의 사정이 다르듯, 본인의 상황에 맞게 금액을 설정하는 편이 현명하다.

이때 당장 필요하고 급한 돈으로 투자하는 건 최대한 지양하도록 하자. 조급한 마음이 들면 이성적인 판단을 내리기 매우 어렵다. 또

빨리 벌어야 한다는 욕심에 무리수를 두게 된다.

월급 혹은 수익의 최소 10%부터 투자해 보도록 하자. 이 비율 또한 스스로 유동적으로 조절하면 된다. 만약 이번 달에 돈 쓸 곳이 많다면 투자금액을 줄이고, 평소보다 여윳돈이 생겼다면 투자금액을 늘려보는 것이다.

투자로 더 많은 돈을 벌고 싶다면, 아래 세 가지 변수 중 최소 하나 이상을 늘려야 한다.

투자금액 X 투자 기간 X 수익률

지금 당장 투자금액을 많이 늘리는 건 어려우니, 하루 빨리 시작하여 투자 기간만이라도 내 편으로 만들어야 한다.

단기투자 VS 장기투자,
어떤 방법이 더 좋을까?

흔히 이제 막 재테크에 관심이 생겼다면, '단타, 장투'와 같은 말들을 한 번쯤 들어보았을 것이다. 단타는 짧은 시간 내 수익을 내고 치고 빠지는 투자 방식이고, 장투는 오랜 시간 투자하여 복리효과를 누릴 수 있는 방법이다.

직장인 시절, 주위에 주식을 하는 선배들이 많았다. 그들은 항상 차트를 분석하며 단타를 했었다. 가끔씩 때를 놓쳐 매도한 금액보다 더 올라간 주가를 보며 아까워하곤 했다. 내 눈엔 그들이 투자를 하는 것이 아니라 타이밍 맞추기와 같은 놀이를 하는 것처럼 보였다.

나도 단기 투자에 도전해 보았지만 거기에 너무 많은 시간과 에너지를 쏟고 있다는 사실을 알게 되었다. 양봉과 음봉을 들여다보느라 제 일에 온전히 집중하지 못할 때도 있었다. 매수매도 타이밍을 실수로 놓치기라도 하면 내 행동을 자책하곤 했었다.

이를 업으로 하는 전문 트레이더나 증권사 펀드 매니저들은 하루 종일 분석하고 투자하는 것이 가능할지 모른다. 하지만 따로 생업이 있는 사람들이 하루 중 대부분의 시간을 주식에 쏟아붓는 건 시간낭비에 가깝다. 일과 투자 수익률 모두 놓칠 가능성이 크다.

그래서 장기적으로 성장할 좋은 기업을 발굴하여 크게 신경 쓰지 않는 '장기투자'를 더 선호한다. 하루 종일 주가창을 바라볼 정성으로 더 생산성 있는 일에 집중할 수 있기 때문이다. 가까이서 들여다보면 상승과 하락을 반복하지만, 길게 보면 계속 우상향할거란 믿음이 있기에 수익률에 크게 연연해하지 않게 된다.

부동산과 비교하여 주식은 투자금을 빠르게 현금화할 수 있다는 장점이 있지만, 이는 동시에 단점이 되기도 한다. 대다수의 사람들이 결실을 맺기도 전에 성급하게 되팔기 때문이다. 하지만 투자기간이 늘어날수록 손실확률이 낮아진다는 사실을 항상 기억해두도록 하자.

투자기간이 길어질수록 손실률도 현저히 낮아지게 된다

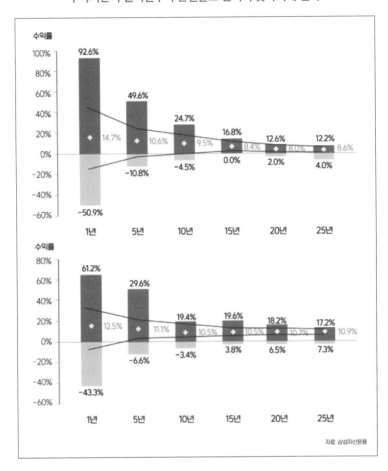

자료: 삼성자산운용

　　또한 올해 기준 워런 버핏의 순자산 1320억 달러 중 1040억 달러는 60세 이후 축적된 것이라고 하니, 84년 전부터 투자한 복리의 힘을 절대 가볍게 볼 수 없다.

장기투자의 장점을 설명하긴 했지만 사실 투자에 정답이란 없다. 내가 잘할 수 있는 방법을 선택하면 된다. 그러니 입문자라면 단타와 장투 모두 경험해 보길 바란다. 몇 번의 사이클을 거쳐보면 나의 투자 성향도 알 수 있고 나에게 더 적합한 방식을 찾을 수 있을 것이다.

미국의 대표 지수 S&P500과 나스닥
한 눈에 비교하기

2025년 4월 업데이트 기준

티커	지수추종	이름	순자산	성장일	수수료율	평균 거래량
SPY	S&P500	SPDR® S&P 500® ETF Trust	$548.67B	1993.1.22	0.09%	79,868,083
IVV	S&P500	iShares Core S&P 500 ETF	$536.77B	2000.5.15	0.03%	4,320,740
SPLG	S&P500	SPDR® Portfolio S&P 500® ETF	$57.27B	2005.11.8	0.02%	20,003,828
VOO	S&P500	Vanguard S&P 500 ETF	$1.32T	2010.9.7	0.03%	5,638,939
QQQ	NASDAQ	Invesco QQQ Trust ETF	$284.13B	1999.3.10	0.20%	44,837,047
QQQM	NASDAQ	Invesco NASDAQ 100 ETF	$38.56B	2020.10.13	0.15%	2,914,168

ETF 선택시, 꼭 체크해봐야 할 6가지 기준!

1. 운영 자산 규모는 크면 클수록 좋다. 자산규모가 최소 1B 달러 이상되는 ETF를 선택하자!

2. 하루 거래량은 최소 10만건 이상이 좋다. 미국은 자산운용사 판단하에 수지에 맞지 않거나 거래량이 적다고 판단되면 임의로 ETF를 상장폐지할 수 있다.

3. ETF 거래 기간이 최소 5년 이상이면 좋다. 그만큼 안정적인 상품이기 때문이다.

4. 규모가 큰 자산 운용사를 선택하면 좋다. (Black Rock, Vanguard, State Street 등)

5. 운용보수율이 비싸지 않은지 체크하자. 보통 0.6%가 넘어가면 비싸다고 여긴다.

6. ETF의 자산 구성 내역 확인은 필수다. 아무리 자산운용사가 알아서 투자해준다고 하더라도, 어떤 기업에 투자하고 있는지 확인해야 한다.

알아서 돈이 불어나는
'자동 투자 시스템' 만들기

어디에 투자할지 결정하였고 확신이 생겼다면 이제 실행으로 옮길 차례다. 내가 크게 신경 쓰지 않아도 자동으로 돌아가는 시스템을 만들어보자. 먼저 내가 구축해놓은 자동 투자 시스템을 설명하는 편이 좋을 것 같다. 내 방식이 100% 정답은 아니며 여러분에게 맞는 시스템을 만들기 위해 참고 정도로만 봐주면 될 것 같다.

1단계: 계좌 개설하기

현재 나는 키움증권에서 해외 주식 계좌 2개를 만들었다. 하나는 배당주 투자를 위해 만들었고, 다른 하나는 성장주 투자를 위해 개설하였다. 현재 자동 투자는 성장주 계좌에서만 이루어지고 있다.

Q. 왜 배당주와 성장주 계좌를 분리하였나요?

배당주와 성장주의 성격이 다르고, 수익률을 분리해서 보고 싶어 2개의 계좌를 만들었다.

배당주 회사들은 폭발적인 성장을 하기 보다, 이미 사업이 안정 궤도에 올라 주주들에게 배당형식으로 이익을 배분해주는 회사들이다. 시세차익보단 배당으로 매달 안정적인 현금흐름을 창출하고 싶은 투자자들에게 적합하다.

그에 반면 성장주 회사들은 지금보다 미래에 더 큰 성장을 할 것으로 기대받는 회사들이다. 이런 회사들은 보통 배당금을 많이 지급하기보단, 그 돈을 회사에 재투자하여 더 큰 성장을 꾀하는 곳이다.

매달 배당을 받는 것 보단 더 큰 시세차익을 얻고 싶은 투자자들에게 적합하다.

한 눈에 배당주와 성장주 비교하기

배당주	성장주

- 배당금 (매달 현금흐름 창출)
- 고성장보단 배당형식으로 이익 배분
- 대표기업: 코카콜라, 존슨앤드존슨,
  프록터&갬블, 리얼티인컴 등등
	- 시세차익
	- 앞으로 더 성장할 가능성 多
	- 대표기업: 애플, MS, 아마존, 알파벳,
	  메타, 테슬라, 엔비디아 등등

2단계: 종목 선정하기

미국 시장 지수 추종 ETF를 모아가는 **성장주 계좌**부터 자세히 설명해 보겠다. 여기선 2개의 ETF를 투자하고 있다.

S&P 500 지수를 추종하는 **SPLG**와 나스닥에 상장된 기술주 종목들을 추종하는 **QQQM**이다.

SPLG는 SPY와 거의 동일한 상품이지만 현재 주가가 더 저렴해서 적립식 투자를 하기에 부담스럽지 않았다. QQQM도 마찬가지다. QQQ와 동일하지만 1주당 가격은 더 저렴하다.

3단계: 자동 적립식 투자 설정하기　　——

　　현재 키움증권에선 미국주식을 매일, 매주, 매월 단위로 자동 매수할 수 있는 적립식 투자 서비스를 제공하고 있다.

　　키움증권 영웅문S# 어플에 접속후, 주식 더모으기 메뉴에 들어간다. 내가 모으고 싶은 주식을 골라 주기와 금액을 설정할 수 있다. 이때 알아서 환전한 후, 자동으로 매수가 가능하니 편하다.

Tip!

환전은 어떻게 해야 할까?

나의 경우엔 휴대폰 화면에 환율 위젯을 설치해놓고 그때그때 시세를 확인하는 편이다. 그래서 평소보다 달러가 저렴해졌다면 미리 환전을 해둔다.

만약 내가 매달 초 미국 주식을 사기로 결심하였는데, 그때 환율 변동이 많이 일어나 달러가 갑자기 비싸졌다면 어떻게 해야 할까? 물론 환율이 더 떨어지기를 기다리고 추후에 주식을 매수할 수도 있다. 하지만 언제 환율이 하락할지 아무도 예상할 수 없고 그 타이밍을 예측하는 자체가 시간과 에너지를 소모하는 행위라 생각하여, 나는 환율이 비싸도 매수를 하는 편이다.

환율이 오르면 주가가 내려가고, 주가가 오르면 환율이 내려가는 경향이 있으므로 딱히 환율에 일희일비하지 않는다.

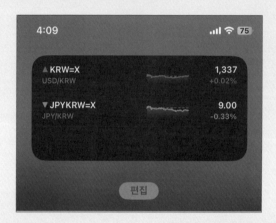

검정색은 달러지수, 회색은 S&P 500 지수 그래프이다.
서로 상반되는 흐름을 보여주고 있다는 것을 알 수 있다.

미국 주식 자동 적립식 주문하는 방법 ————

키움증권 외에도 미국주식을 자동으로 적립 주문할 수 있는 증권사 어플을 한 번 찾아보았다. 아래의 목록을 참고하여 계좌를 개설하길 바란다.

해외 주식 자동 적립식 주문 서비스 제공하는 곳 (2024.06.21 일 기준)

- KB증권

- NH투자증권

- 나무증권

- 한국투자증권

- 하나증권

- 미니스탁

- 토스증권 (8월 12일부터 주식모으기 거래 수수료 무료)

- 삼성증권 (소수점매매후 적립식매수 가능)

- 미래에셋증권 (적립식 장바구니 이용가능)

- 신한증권 (플랜yes 해외주식 서비스)

황금알을 낳는 거위, 배당주 투자 시작하기

왜 배당주인가?

워런 버핏이 남긴 유명한 말이 있다. '잠자는 동안에도 돈이 들어오는 방법을 찾아내지 못한다면 당신은 죽을 때까지 일을 해야만 할 것이다.'

얼마나 끔찍한 말인지! 사회 초년생 때 누군가 나에게 이런 얘기를 해주었더라면 좀 더 자본주의에 대해서 일찍 깨달을 수 있었을 텐데라는 아쉬움이 있다.

돈은 크게 세 종류로 나눌 수 있다. 노동 소득, 사업소득, 자본소득이다. 노동 소득은 우리가 깨어있을 때 시간과 에너지를 바꿔 버는 돈이고, 사업소득은 시스템을 만들고 직원을 고용하여 버는 돈이고, 자본소득은 내 돈이 벌어오는 돈이다. 당연히 처음부터 자본소득을 만들긴 어려우니, 노동 소득을 벌어 계속해서 자본소득으로 바꿔나가야 한다. 그렇지 않으면 평생 돈의 노예로 살아야 할지 모른다.

　그래서 나는 자본소득을 만들기 위해 여러 방법 중 '배당주' 투자를 선택했다. 회사가 벌어들인 이익의 일부를 주주들에게 환원하는 것을 배당금이라 부른다.

　일단 배당주 투자의 장점 첫 번째는 꾸준한 현금 흐름을 창출할 수 있다는 점이다. 김승호 회장님은 '돈의 속성'에서 이렇게 말씀하셨다. '불규칙하게 들어오는 돈보다 일정하게 규칙적으로 들어오는 돈이 질 좋은 돈이다.' 내가 아무리 비싼 부동산을 몇 채 소유하고 있다 한들, 당장 이번 달에 들어오는 현금이 없다면 풍족한 생활을 기대하기는 어렵다.

　두 번째는 크게 신경 쓰지 않아도 된다는 점이다. 밤에 두 발 뻗고 잘 수 있는 투자가 가장 좋은 투자라는 말이 있다. 배당금을 오랫동안 꾸준히 지급해왔다는 것 자체가 그 회사의 튼튼한 재무 상태를 대변해 줄 수 있다. 애초에 계속 차트를 들여다보고 주가가 떨어질까

노심초사하는 건 나의 지향점과 맞지 않다. 따라서 앞으로도 장기적으로 성장할 회사를 골라 묵묵하게 투자금액을 묵혀둘 예정이다.

　세 번째는 시세차익 효과도 누릴 수 있다는 이점이 있다. 배당 주보단 성장주가 더 가파르게 주가가 상승할 수 있다. 하지만 배당주 또한 주가와 배당률이 계속해서 성장하는 회사를 잘 선택한다면, 배당금과 시세차익 두 마리 토끼를 동시에 잡을 수 있다. 제약회사 애브비(ABBV)는 10년 동안 주식이 +154.39% 상승하였고, 5년 평균 배당 성장률이 7.69%로 높은 편에 속한다. (2024.11.15 기준)

애브비(ABBV) 10년 주가 추이

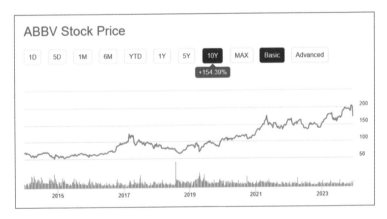

애브비(ABBV) 5년 평균 배당 성장률

어떤 배당주를 선택해야 할까?

그렇다면 어떤 기준으로 배당주를 선택해야 할까? 미국 증시는 역사도 길고 그중에서 배당금을 꾸준히 지급한 회사들이 많다. 그런 기업들에 마치 삼관왕처럼 타이틀을 붙여 부르기도 한다.

5년 이상 배당금을 지급한 기업을 배당 블루칩, 10년 이상은 배당 챔피언, 25년 이상은 배당 귀족, 50년 이상은 배당 킹이라 부른다. 한국인들에게도 친숙한 월마트, 존슨앤드존슨, 킴벌리클라크, 코카콜라, 3M, 펩시 등이 배당 킹에 속한다.

배당주 투자가 아직 익숙하지 않은 입문자라면 '배당킹 → 배당귀족 → 배당 챔피언 → 배당 블루칩' 순으로 기업들을 살피는 걸 추천한다. 참고로 나는 최소 10년 이상 배당금을 지급하였고 삭감 이력이 없는 기업들 위주로 본다. 코로나와 같은 악재에도 배당금을 지급하였다는 건 그만큼 회사가 외부 압력에 흔들리지 않는 힘이 있다는 뜻이다.

단, 여기서 고배당주라고 해서 혹하지 말자. 주가가 계속해서 하락하고 있기에 상대적으로 배당률이 올라간 것일 수도 있다. 알트리아(MO)의 경우 현재 배당률은 7.02%(2025.04 기준)로 고배당에 속하지만 10년동안의 주가는 지속적으로 우하향하는 것을 볼 수 있다.

알트리아 10년 주가 그래프

나만의 배당주 목표 세우기

처음부터 높은 배당금액을 목표로 하면 쉽게 지칠 수 있다. 배당금을 많이 받으려고 할수록 생각보다 더 많은 투자금이 필요하기 때문이다. 그러니 첫술에 배부를 생각보단 실현 가능한 작은 목표부터 세우는 것이 좋다.

예로 배당금으로 생활비를 충당할 수도 있다. 휴대폰 통신비, 운동 회원권, OTT 정기 구독료, 월세 등등이 있다. 또는 매달 10만 원 또는 30만 원, 50만 원 이렇게 받는 금액의 크기를 점차 늘려가는 방법도 있다. 나는 현재 아무것도 하지 않아도 월 10만 원 정도 배당금이 들어온다. 내가 아파도, 일을 하지 않아도 꾸준히 들어오는 현금이 있다는 건 생각보다 꽤 기분이 좋다. 올해 안에 이 금액을 30만 원까지 높이는 것이 나의 목표다.

다시 한번 마음에 새기도록 하자. '노동 소득을 자본소득으로 바꿔나가지 않는다면 진정한 경제적 자유를 누릴 수 없다.'

나만의 배당주 목표 세우기

매달 받고 싶은 배당금 금액은?   _____ 원

배당금으로 충당하고 싶은 생활비는?   _____ 원

SCHD는
도대체 뭐예요?

한국인들에게도 유명한 SCHD는 찰스 슈왑 운용사의 상품으로 10년 이상 연속으로 배당을 늘려온 100곳의 기업에 투자하는 ETF 이다. 현재 배당률은 3.67%, 5년간 배당 성장률은 12.88%이며 12년 동안 배당 성장을 해왔다. 보유하고 있는 종목은 애브비, 암젠, 시스코 시스템즈, 화이자, 코카콜라 등이 있다. (2025년 2월 기준)

배당 ETF이니만큼 기업이 벌어들인 이익의 일부를 배당금으로 받을 수 있다. 지금 당장 높은 배당금을 받을 수 있는 고배당주들도 있겠지만, 장기간 투자할 관점에서 높은 배당 성장률이 매력적이다.

매달 25만 원/50만 원씩 투자한다면 내가 받게 될 배당금은?

그렇다면 매달 일정 금액을 투자하였을 때, 내가 얼마의 배당금액을 받게 될지 궁금할 수 있다. 아래의 배당 재투자 계산기를 사용해 보도록 하자. 주가 상승 하락은 제외하고 현재 배당률과 성장률로만 가지고 계산한 것이라 완전 정확하지는 않다. 그럼에도 대략적인 계획 세우기용 정도로 확인해 보면 좋다.

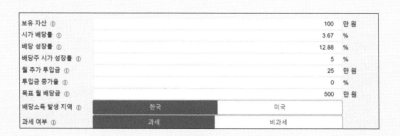

보유 자산 ⓘ		100	만 원
시가 배당률 ⓘ		3.67	%
배당 성장률 ⓘ		12.88	%
배당주 시가 성장률 ⓘ		5	%
월 추가 투입금 ⓘ		25	만 원
투입금 증가율 ⓘ		0	%
목표 월 배당금 ⓘ		500	만 원
배당소득 발생 지역 ⓘ	한국	미국	
과세 여부 ⓘ	과세	비과세	

배당 재투자 계산기 사이트 링크

100만 원을 매수한 후 배당률 3.67%, 배당 성장률 12.88%, 시가 성장률 5%인 SCHD에 매달 25만 원씩 투자하였을 때, 언제 월 배당금으로 500만 원을 받을 수 있을까? 이때 받은 배당금은 모두 재투자한다는 조건이다.

목표 달성 시기:	24년 후
목표 달성 시 총자산:	47,660만 원
목표 달성 시 총 투자 원금:	7,300만 원
목표 달성 후 월 배당금:	501만 원

24년 후 월 배당금 501만 원 정도를 수령할 수 있다.

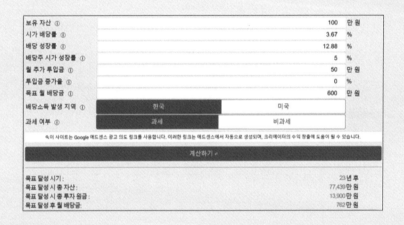

보유 자산 ⓘ	100	만 원
시가 배당률 ⓘ	3.67	%
배당 성장률 ⓘ	12.88	%
배당주 시가 성장률 ⓘ	5	%
월 주가 투입금 ⓘ	50	만 원
투입금 증가율 ⓘ	0	%
목표 월 배당금 ⓘ	600	만 원
배당소득 발생 지역 ⓘ	한국	미국
과세 여부 ⓘ	과세	비과세

ⓠ이 사이트는 Google 애드센스 광고 의도 링크를 사용합니다. 이러한 링크는 애드센스에서 자동으로 생성되며, 크리에이터의 수익 창출에 도움이 될 수 있습니다.

계산하기 ✎

목표 달성 시기:	23년 후
목표 달성 시 총 자산:	77,439만 원
목표 달성 시 총 투자 원금:	13,900만 원
목표 달성 후 월 배당금:	762만 원

만약 매달 25만 원이 아닌 50만 원씩 투자한다면, 23년 후에는 월 배당금으로 762만 원을 얻을 수 있게 된다. 당연히 투자하는 금액이 많아질수록 복리효과도 더 빨리 커지는 것을 알 수 있다.

각자의 상황에 맞게 금액을 세팅한 후, 여러 시나리오를 확인해

보길 바란다. 동기부여도 받을 수 있고 나만의 노후 준비 계획을 세울 수도 있다. 단, 인플레이션으로 화폐가치는 지금과 같지 않을테니, 이 부분도 꼭 염두에 두도록 하자.

PART
4

절세계좌 200%
활용하기
(연금저축 & ISA)

연금저축이
먼 얘기로 들리는 당신에게

얼마 전 신문을 읽는데 눈길을 사로잡는 기사가 있었다. '서울 개인파산 신청 86%가 50대 이상'이라는 제목이었다. 서울에 거주하는 개인 파산 신청자 10명 중 8명이 50대 이상이라는 뜻이다. 대다수는 기초 생활수급자로 절반 이상이 생활고로 진 빚을 갚지 못해 파산하였다고 한다.

'내 미래는 저렇지 않을 거야. 난 상관없어.'라고 단호하게 말할 수 있을까? 앞으로 20~30년 동안 나에게 그 어떤 일도 일어나지 않을 거라고 장담할 수 있는 사람이 얼마나 될까. 갑자기 몸이 아프거나 불의의 사고를 당하거나 직장에서 잘려 일을 못하는 상황은 언제든 일어날 수 있다.

내 인생이 앞으로 우상향할거라는 낙관적인 믿음을 가져야 하는 것도 맞지만, 동시에 최악의 상황을 가정하고 미리 대처하려는 현실적인 자세 또한 매우 중요하다.

- 20~30년 뒤의 노후 계획이 있는가?
- 50대 이후에도 지금처럼 일할 수 있는가?
- 50대 이후엔 얼마의 생활비를 쓸 것인가?
- 내가 일하지 않아도 수동적 소득 (Passive Income) 이 있는가?

사실 나도 불과 얼마 전만 하더라도 노후계획이 전혀 와닿지 않았다. 지금 이렇게 두 팔과 다리가 멀쩡한데 노후라니. 연금저축 관련 얘기는 그냥 지나치곤 했다. 하지만 너무나 많은 사람들이 이 정도로 이야기하는 덴 다 이유가 있지 않을까 싶어, 더 이상 나와는 상관없다 여기지 말고 한 번 알아봐야겠다 생각했다.

그리고 며칠 뒤 바로 연금 저축 계좌를 만들어 투자를 시작했다.

"

2030인데
벌써 연금저축한다고?

앞서 노후준비를 하기 위해 연금저축 계좌를 만들었다곤 했지만, 이보다 더 큰 이유가 있었다. 바로 '세금 혜택' 때문이다. 소득이 있는 곳에 세금이 있다는 말이 있다. 내야 할 세금을 아끼기만 하더라도 더 나은 수익을 얻을 수 있다. 이왕 투자할 거라면 절세할 수 있는 방향으로 똑똑하게 재테크 해보자.

그럼 구체적으로 어떤 세금 혜택이 있을까? 크게 3가지로 세액공제, 과세이연, 저율과세가 있다. 용어가 낯설고 어렵게 느껴질 수 있다. 하지만 최대한 이해하기 쉽게 풀어서 설명할 테니, 일단 이해가 전부 되지 않더라도 끝까지 읽어주길 바란다.

첫 번째는 세액공제다. 즉, 원래 내야 할 세금을 내지 않아도 된다는 뜻이다. '내 돈 내 통장에 저축하겠다는 게 무슨 세금?'이라 생각할 수 있다. 하지만 예적금 이자에도 15.4% 세금을 내야 한다. 이렇듯 모든 소득엔 세금이 뒤따라온다.

그런데 연금저축 계좌에서는 납입금액의 600만 원까지 비과세를 해준다. 그리고 만약 소득이 5,500만 원 이하라면 15% 세액공제를 해준다. (소득 5,500만 원 초과는 12% 세액공제가 적용된다.)

연금계좌 세액공제 대상 납입한도 및 공제율

소득	대상 납입한도	공제율
총급여 5,500만원 이하 종합소득금액 4,500만원 이하	연간 600만원 (퇴직연금 포함 시 900만원)	15%
총급여 5,500만원 초과 종합소득금액 4,500만원 초과		12%

단, 노후 준비를 위한 상품이니만큼 가입 기간은 5년 이상이어야 하고 만 55세 이상부터 수령이 가능하다.

이때 두 번째 혜택이 바로 '과세이연'이다. 현재 내야 할 세금의 납부기한을 나중으로 미뤄주겠다는 뜻이다. 이게 왜 좋을까? 작은 금액도 긴 시간 동안 투자하면 복리의 마법이 일어난다. 지금 당장 절약한 세금으로 장기간 투자한다면, 더 큰 복리효과를 누릴 수 있게 되는 것이다.

　그렇다면 연금에 대한 세금은 언제 내야 할까? 이때 세 번째 혜택이 바로 '저율과세'이다. 만 55세에 연 1,500만 원 이하의 연금을 수령한다고 가정하였을 때 5.5%의 세금을 내야 한다. 이자 소득세가 15.4%라는 점을 감안하였을 때, 상당히 낮은 세율인 것이다.

　하지만 연 1,500만 원 정도로 노후 생활비를 마련하기엔 턱없이 부족하게 느껴질 수 있다. 이 부분은 어떻게 해결하면 좋을지 뒤에서 차차 설명하도록 하겠다.

내가 연금계좌를 만들기
꺼려했던 이유

이런 연금저축 혜택들이 있다는 걸 알지만, 그래도 여전히 꺼려질 수 있다. 나도 그랬으니까 말이다. 내가 연금 계좌를 피했던 이유는 크게 두 가지였다. 그에 대해 현재 바뀐 나의 관점도 함께 설명해 보도록 하겠다. 어렵고 낯설다는 이유 하나만으로 무작정 피하지 말고, 많은 사람들이 연금저축을 얘기하는 덴 다 이유가 있지 않을까란 호기심을 가져보도록 하자.

일단 첫 번째로 장기간 돈이 묶인다는 심리적 압박감이 있었다. 아무래도 만 55세 이후부터 수령이 가능하니 더 멀게 느껴질 수 있다. 하지만 오히려 이 '강제성' 때문에 더 이득을 볼 수 있다.

흔히 부동산에 비해 주식은 '빠른 현금화'를 할 수 있다는 장점이 있다. 하지만 반대로 이 신속한 환급성 때문에 약간의 손실을 못 견디고 되팔아 낮은 수익률을 얻기도 한다.

그러나 앞서 보았듯 계속 우상향하는 곳에 장기간 투자한다면 복리효과는 눈덩이가 불어나듯 극대화될 수밖에 없다. 그래서 오히려 나의 멘탈과 의지를 잘 믿지 못하겠다면 이렇게 강제로 오랜 기간 투자할 수밖에 없는 장치를 활용하는 것도 좋은 방법이다.

두 번째는 훗날 급하게 목돈이 필요한 상황이 생길 수 있지 않을까 하는 걱정이 있었다. 연금을 중도해지하게 될 경우, 16.5%의 기타 소득세를 내야 한다. 원래 소득이 5,500만 원 이하여서 15% 세액공제를 받아왔다면 상관없지만, 소득이 5,500만 원을 초과하여 12% 세율을 적용받았던 사람들에겐 4.5% 손해인 셈이다.

그렇다면 정말 연금을 중도 해지하였을 때, 모든 금액에 16.5% 세금을 꼼짝없이 내야 하는 걸까? 일단 그렇지 않다. 그 이유도 하나씩 살펴보도록 하자.

먼저 연금계좌에서 세액공제 받지 않은 원금은 세금 없이 출금 가능하다. 혜택이 적용되지 않은 금액에 한해선 자유롭게 돈을 인출할 수 있다는 뜻이다.

또 정말 어쩔 수 없는 부득이한 사유로 돈을 출금해야 할 때는 세액공제 받은 금액에 저율과세 (3.3~5.5%)가 적용된다. 예외적인 상황들도 있다는 사실을 기억해두자.

그래도 여전히 연금저축의 긴 투자시간이 부담된다면 ISA 계좌를 활용하는 방법도 있다. 3년 이후 ISA 계좌가 만기 된다면, 연금 계좌로 이전도 가능하다. 이때 연간 최대 300만원의 납입한도, 납입액의 10%에 대해서 세액공제해준다고 한다.

결론을 이야기하자면 연금저축은 장기간 투자해야 절세와 복리 효과를 톡톡히 누릴 수 있다. 그러므로 내가 감당 가능한 금액 안에서 투자하는 것을 추천한다. 당장 몇 년 안에 큰 목돈이 나갈 수 있는 결혼과 집 마련 등과 같은 이벤트가 예정되어 있다면, 전 재산을 연금저축에 넣는 것은 바람직하지 않다.

국내 주식 ETF 수수료
비교해보는 방법

ETF는 자산운용사가 나 대신 포트폴리오를 관리해주는 개념이므로 그에 따른 수수료가 발생한다. 따라서 같은 지수를 추종하는 상품이라 할 지라도 얼마나 수수료를 아낄 수 있냐에 따라 수익률이 달라지게 된다. 그러니 매수하기 전에 꼭 수수료율을 체크하는 습관을 들이도록 하자.

국내 ETF는 각 증권사 홈페이지에서 '총보수'로 운용 수수료를 표시해두고 있다. 하지만 눈에 보이는 이 금액이 끝이 아니다. 기타비용, 판매수수료, 매매/중개 수수료율이 포함된 실부담비용을 확인해야 한다. 금융투자협회 전자공시 서비스를 통해서 정확한 수수료를 체크하는 방법을 아래에서 확인해보길 바란다.

Tip!

틈새 ETF 수수료 관련 용어 정리!

ETF의 수수료는 총보수율, 총보수비율, 실부담비율로 구성되어져 있다.

총보수율
ETF를 관리하는 운용사에게 지급하는 비용으로 매일의 기준가에 반영되어 있다.
만약 현재가 1만원인 ETF의 총 보수율이 0.10%라면, 1년에 10원을 총 보수로 내는 것이다.

총보수비용율
총보수율에 기타비용을 더한 값이다. 여기서 기타비용은 ETF를 운용하기 위한 비용으로 주식 예탁비용, 지수 사용료, 회계감사비 등이 포함된다.

실부담비용율
총보수비율에 중개수수료를 더한 값이다. 여기서 중개수수료란 ETF가 자산을 매입하는데 드는 비용을 말한다.

게으르게 살지만 부자는 되고 싶어

금융투자협회 전자공시 서비스에서 확인하는 법

1. 금융투자협회 전자공시서비스 접속하기(https://dis.kofia.or.kr)

2. 오른쪽 상단 위 전체메뉴 클릭

3. 펀드 보수 및 비용 항목에서 펀드별 보수비용비교 클릭

4. 펀드명에 '미래에셋TIGER미국나스닥100(또는 원하는 ETF명)'을 입력하고

　검색

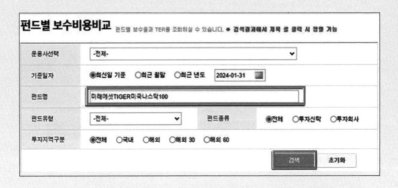

5. 해당 펀드를 찾아서 보수율, 기타비용, 판매수수료, 매매/중개 수수료율을

모두 더한 값인 총 운용수수료 확인

　실제 증권사 홈페이지에 표시된 총 보수 0.0068%는 운용/판매/
수탁/사무관리 보수율만 포함된 것이다. 하지만 여기서 기타 비용
0.12%, 판매수수료 0%, 매매/중개수수료율 0.0186%를 모두 합한
0.1463%가 된다. (2025년 4월 기준)

연 1,500만 원 이상 수령하면
세금폭탄 맞는 것 아닌가요?

누군가 이렇게 물을 수 있다. "하지만 연 1,500만원 이상 연금 수령하려면 종합소득세를 내야 해서 세금을 많이 내야 하는 것 아닌가요?"

실제로 연 1,500만원 이상 연금을 받기 위해선 종합소득세 또는 분리과세 16.5%를 선택하여야 한다.

만약 종합소득세로 결정하였을 경우, 아래 종합소득세 세율만 단순히 보고서 '나는 월 500씩 연금을 수령하고 싶은데, 그럼 연 6,000만원이네. 기본세율이 24%라고? 이거 완전 손해 아니야?' 라고 생각할 수 있다.

▣ 종합소득세 세율 (2023년 귀속)		
과세표준	세율	누진공제
14,000,000원 이하	6%	-
14,000,000원 초과 50,000,000원 이하	15%	1,260,000원
50,000,000원 초과 88,000,000원 이하	24%	5,760,000원
88,000,000원 초과 150,000,000원 이하	35%	15,440,000원
150,000,000원 초과 300,000,000원 이하	38%	19,940,000원
300,000,000원 초과 500,000,000원 이하	40%	25,940,000원
500,000,000원 초과 1,000,000,000원 이하	42%	35,940,000원
1,000,000,000원 초과	45%	65,940,000원

과연 진짜 위의 표처럼 최고 45%까지 세금을 내야 할 수도 있을까? 하나씩 살펴보도록하자. 내가 잘 모르는 것은 두려움과 걱정의

대상이 될 수 있지만, 내가 스스로 분석할 수 있게 되는 순간 두려움은 자신감으로 바뀐다.

총 2가지 상황 (각각 월 250만원, 월 500만원 연금 수령)을 가정하여, 실제로 내야 할 총 종합소득세를 계산해보자. 실제론 총연금액에 소득공제가 적용되기 때문에, 위의 종합소득세율과 실제 세율이 달라진다.

Tip!

틈새 소득공제 용어 공부!

소득공제는 내야 할 세금을 줄이는 방법 중 하나라고 생각하면 된다.
과세의 대상이 되는 전체 소득 금액에서 일정 금액을 빼주는 것이다.
당연히 소득 금액이 줄어들면 과세 표준 구간도 달라지며, 그에 따라 적용되는 세율도 낮아지기 때문에 실제로 내야 할 세금이 줄어들게 된다.

CASE 1. 개인연금으로 월 250만원 수령시 내야 할 종합소득세

(연금소득 외 다른 소득 없다고 가정)

- 총연금액: 3,000만원

- 연금소득공제: 630만원+ 160만원 = 790만원

- 인적공제 (기본본인공제) = 150만원

- 종합소득 과세표준: 3,000 - 790 - 150 = 2,060만원

- 과세표준 * 세율 : 2,060만원 * 세율 15% = 309만원

- 종합소득세 금액 : 2,060만원 * 15% - 126만원 (누진공제액) = 183만원
- 최종세액 : 종합소득세 183만원 + 지방소득세 10% 18만원 = 201만원
- 최종세율 : 201만원/3,000만원 = **6.7%**

원래 저율과세인 5.5%보단 높지만 1.2% 차이에 불과하다. 이 숫자를 가지고 세금폭탄이라 말하기엔 무리가 있다.

연금소득공제 계산 방법

총연금액에 소득공제가 적용되기 때문에, 종합 소득세율 표와 실제 세율에서 차이가 생긴다.

위의 예시에서 갑자기 연금소득공제 금액이 어디서 산출되었는지 궁금해할 독자가 있을 것 같다.

이 연금소득공제는 국세청에서 상시 확인할 수 있다. 현재 연금소득공제는 아래의 표와 같이 규정되어져 있으므로, 실제로 계산하려고 할 때 참고하도록 하자!

✅ 연금소득공제(소득세법 제47조의2, 900만원 한도)

총 연금액	공 제 액
350만원 이하	총 연금액
350만원 초과 700만원 이하	350만원+(350만원을 초과하는 금액의 40%)
700만원 초과 1400만원이하	490만원+(700만원을 초과하는 금액의 20%)
1400만원 초과	630만원+(1400만원을 초과하는 금액의 10%)

그렇다면 금액을 2배 늘려 매달 500만원의 연금을 수령해야 한다고 가정해보자.

CASE 2. 개인연금으로 월 500만원 수령시 내야 할 종합소득세

(연금소득 외 다른 소득 없다고 가정)

- 총연금액: 6,000만원

- 연금소득공제: 630만원+ 460만원 = 1,090만원

- 인적공제 (기본본인공제) = 150만원

- 종합소득 과세표준: 6,000 - 1,090 - 150 = 4,760만원

- 과세표준 * 세율 : 4,760만원 * 세율 15% = 714만원

- 종합소득세 금액 : 4,760만원 * 15% - 126만원 (누진공제액) = 588만원

- 최종세액 : 종합소득세 588만원 + 지방소득세 10% 58만원 = 646만원

- 최종세율 : 646만원/6,000만원 = **약 10%**

5.5% 보단 약 2배 가량 높은 세율이 맞다. 하지만 배당소득세와 이자소득세 15.4%보단 낮다. 감당못할 세금이 아니다.

앞서 연 1,500만원 이상 연금 수령시 종합소득세 또는 분리과세 16.5% 중 선택할 수 있다고 했다. 종합소득세보다 분리과세가 무조건 이득인 것도 아니다. 자신의 상황에 따라 유리한 세율을 계산해 선택하는 것이 중요하다.

자동 투자 시스템 만들기
(연금저축편)

연금 저축 계좌를 만들기로 결심하였다면 함께 24시간 잠들지 않는 자동 투자 시스템을 만들어보도록 하자. 이 방법은 꼭 연금 저축 계좌에만 해당되는 것이 아니라 일반 계좌에도 동일하게 적용된다.

한 번만 만들어두면 알아서 돈이 빠져나가고 투자되니 크게 신경 쓸 필요가 없어서 좋다.

1단계: 계좌 개설하기

현재 나는 키움증권에서 연금 저축 계좌를 개설하였다. 여러 증권사에 돈이 흩어져 있으면 관리하기가 힘들어, 되도록이면 하나의 증권사에서 모두 해결하려고 하는 편이다.

2단계: 종목 선정하기

연금저축계좌에서 미국의 S&P500에 투자하고 싶다면 'TIGER 미국S&P500 ETF'를, 미국의 나스닥에 투자하고 싶다면 'KODEX 미국나스닥 100 ETF'를 추천한다.

3단계: 자동이체 설정하기

매달 통장에서 증권사 계좌로 총 25만 원이 연금저축 계좌로 자동이체 되게끔 설정해놓았다. 금액은 자신이 부담가지 않는 선에서 자유롭게 설정하면 된다.

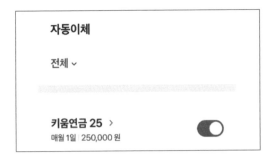

4단계: 자동 매수 설정하기

예시로 키움증권에서 자동 매수 설정하는 방법을 알아보도록 하자. 참고로 우리는 국내주식에 상장된 종목을 사는 것이므로 미국 주식을 매수할 때처럼 달러로 환전할 필요가 없다.

1) 키움증권 화면 접속 후 메뉴에서 '국내주식' 선택 → '주문' 선택

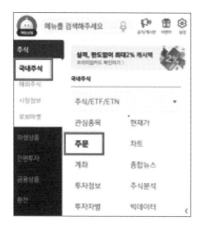

2) 상단메뉴 마지막 '자동적립주문' 선택

3) 원하는 금액과 날짜 설정

게으르게 살지만 부자는 되고 싶어

나도 모르게 쌓인
퇴직연금 금액 확인해보기

내가 자동 투자 시스템을 만들었던 이유는 간단하다. 나의 노력과 의지만으로 지속하기 힘들 거란 걸 누구보다 잘 알고 있었기 때문이다. 초기에 한 번만 세팅해두면 머니 시스템은 나를 위해 24시간 가동된다.

이제 막 재테크에 관심이 생겼고 이 책을 통해서 자동 투자 시스템을 만들어 간다면, 당장 쌓인 금액이 없으므로 자동화의 위력을 체감 못할 수 있다.

나는 의외의 곳에서 이 위력을 발견하였다. 그건 바로 나도 모르게 저축되고 있던 '국민연금'이다. 연봉이 올라도 막상 월급통장에 찍힌 금액이 많이 늘어난 것 같지 않은 이유는 4대보험료도 덩달아 올랐기 때문이다. 그 안에 속한 것 중의 하나가 바로 국민연금인데, 어느새 이만큼 누적돼있는 것을 보고 놀랐다.

○ 가입정보			
납부 월수	50 개월	납부 총액	13,232,280 원
예상 총 납부월수[주1]	0 개월	예상 납부 보험료 총액 [주2]	0 원
문의처	국번없이 1355		

이제 막 일을 시작한 사회 초년생의 경우, 아직 납부한 연금이 별로 없을 수 있다. 어느 정도 연차가 쌓인 직장인 분들이라면 한 번쯤 들어가서 확인하는 것을 추천한다. 내 의지와 상관없이 저축이 계속 이루어지고 있기에 자동화의 중요성을 알 수 있다.

1. 금융감독원 홈페이지 접속 - 금융소비자보호 메뉴 선택 - 통합 연금 포털의 '내 연금조회 재무 설계' 선택

2. 국민연금 '계약상세' 버튼 클릭

연금계약정보

O 국민연금

국민연금은 사회보장제도의 일종으로 보험원리에 따라 운용되는 제도입니다.

가입자 구분	연금종류	연금개시년도	예상연금수령액(원/월)	미래가치 예상연금액[주1]	비고
적용제외	노령연금(개시전)	2059 년		미제공	📄 계약상세

* 매년 소비자 물가 상승률('22년 기준 소비자 물가 상승률: 5.1%)및 개인의 가입이력 등에 따라 미래가치 예상연금액은 변동될 수 있으므로 현재 자료는 참고 자료로만 활용하시기 바랍니다.
* 국민연금을 추가 납입하였거나 국민연금(노령연금, 장애연금, 유족연금) 중 두 개 이상의 연금을 보유한 경우 자세한 사항은 📄 국민연금공단 홈페이지에서 직접 확인하시기 바랍니다.

주1) 기존 제공되어 왔던 「미래가치 예상연금액」 서비스는 보다 나은 정보 제공을 위해 국민연금공단에서 개선 진행중이므로 "미제공"으로 표시됨을 양해부탁드립니다.

3. 이때까지 쌓인 국민연금 확인

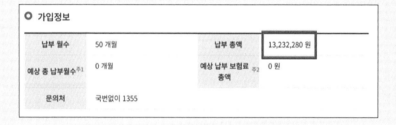

O 가입정보			
납부 월수	50 개월	**납부 총액**	13,232,280 원
예상 총 납부월수[주1]	0 개월	**예상 납부 보험료**[주2] **총액**	0 원
문의처	국번없이 1355		

일단 만들어두기만 해도 이득인
'ISA계좌' 활용법

ISA 장단점

ISA계좌는 연금저축과 마찬가지로 절세혜택이 뛰어나다. 만 55세 이후부터 수령이 가능한 연금 저축과 달리, 의무 보유 기간이 3년이라 상대적으로 짧은 ISA계좌를 선호하는 이들도 많다. 그럼 어떤 장단점이 있는지 알아보도록 하자.

여러 장점들이 있지만 내가 생각하였을 때 ISA의 가장 좋은 혜택은 2가지다. 바로 '비과세'와 '손익통산'이다.

ISA계좌에서 매매차익이 일어나더라도 서민형과 농어민형으로 가입한 경우 400만원까지 비과세 혜택을 받을 수 있다. (일반형은 200만원) 그 이상의 차익에 대해선 9.9%의 세금만 내면 된다. (현재 혜택 확대 논의가 이루어지고 있으니, 이후에도 잘 살펴보도록 하자.)

두 번째 장점은 순이익에 대해서만 세금을 내면 되는 손익통산이다. 만약 ISA 계좌에서 A주식은 700만원 이득을 보고 있고 B주식은 200만원 손실 중이다. 그럼 이 손익을 따져 총 500만원에 대한 세금만 내면 된다. 서민형과 농어민형은 400만원까지 비과세니 100만원에 대한 세금만 내면 되고, 일반형은 300만원에 대한 세금만 납부하면 된다.

그럼 반대로 어떤 단점이 있을까? 첫 번째로 제한적인 납입 한도다. ISA 계좌에 돈을 더 넣고 싶더라도 연 2,000만원이 최대다. 하지만 이 한도는 이월이 가능하다. 만약 작년에 1,500만원까지만 납부했더라면 올 해 2,500만원까지 추가로 납입할 수 있다는 뜻이다.

두 번째는 3년 의무보유기간이다. 주식은 빠른 현금화가 장점인데 3년 동안 돈이 묶여져 있다고 생각하면 답답하게 느껴질 수 있다. 하지만 이는 계좌를 개설한 날짜로부터 3년이지 투자를 시작한 날짜가 아니다. 그러니 지금 투자계획이 없더라도 일단 계좌를 만들어 두는 것이 좋다. 그리고 오래 묵혀둘수록 수익률이 좋아지는 장기투자의 위력을 알았다면 3년이 그리 길게만 느껴지지 않을 것이다.

ISA계좌 200% 활용법

그럼 이 ISA계좌에서 어디에 투자해야 이득일까? 내가 추천하고 싶은 것은 바로 '국내 상장된 해외 ETF'이다. ISA가 아닌 일반계좌에선 매매차익과 분배금(배당금) 모두 배당소득으로 간주하여 15.4% 세금을 뗀다. 하지만 ISA계좌에선 200~400만원까지 비과세 혜택을 받고 그 이상 차익에 대해선 9.9% 세금만 내면 되니 훨씬 이득이다.

직접 계산하여 그 차이를 눈으로 비교해보자. 일반계좌와 ISA계좌에서 5,000만원 이득이 났다고 가정해보자.

매매차익 : 5,000만원

일반계좌 세금 : 5,000만원 X 15.4% = 770만원

ISA계좌 서민형 세금 : (5,000만원 - 400만원) X 9.9% = 455만원

똑같은 이익을 냈을지라도 내야 될 세금 차이가 무려 300만원이나 난다. 심지어 분배금 수익은 포함하지도 않았다.

ISA에서 인도에 투자하기

'그럼 어떤 ETF를 사는게 좋을까요?' 앞에서 설명한 국내상장 미국ETF를 사는 것도 좋은 방법이다. 하지만 현재 나는 ISA 계좌에서 미국ETF에 투자하고 있지 않다. 나의 개인적인 의견이니 참고만 하길 바란다.

나는 미국은 3년 이상 길게 투자하고 싶어 다른 투자처를 알아보았다. 그게 바로 인도였다. '미국에만 투자하는 것 아니었어요?'라고 되물을 수 있다. 나의 투자 철학인 '자동화 투자 시스템'에 미국이 적합해서 선택한 것이지 무작정 미국에 투자하는 게 아니다. 목적과 수단을 혼동해선 안 된다. 그럼 내가 왜 인도에 투자하고 있는지 4가지 이유를 들어보도록 하겠다.

첫째, 분산투자 효과를 누리기 위함이다. 미국이 앞으로도 계속 우상향할 거라는 믿음이 있지만 그럼에도 발생할 수 있는 국가적 리스크를 줄이고 싶었다. 전쟁, 경기침체, 자연재해, 정치적 이슈 등의 문제로 영향을 받을 수 있기 때문이다.

둘째, 높은 수익률때문이다. 최근 5년동안 미국 증시보다 인도 시장 수익률이 더 높아 자연스레 관심이 갔다.

1년 수익률: 미국 (25.30%) & 인도 (24.87%)

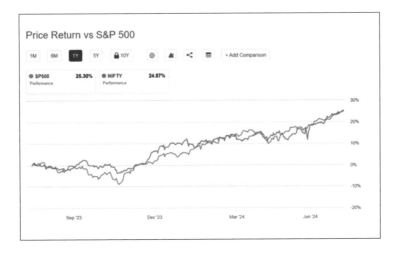

5년 수익률: 미국 (88.65%) & 인도 (110.59%)

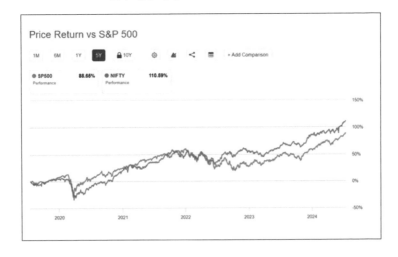

그럼 미래에도 인도 경제가 계속 성장할 수 있을지 여부도 함께 알아보도록 하자.

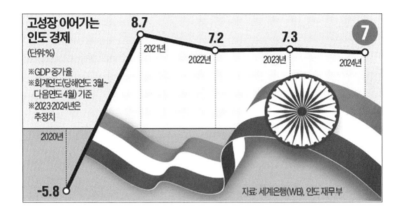

셋째, 계속 성장하고 있는 GDP성장률이 인상적이다. 2021년 인도의 GDP증가율은 8.7, 2022년은 7.2였다. 2023년과 2024년 각각 7.3과 7로 추정되고 있다. IMF가 올해 세계 경제 성장률을 3.2%로 전망한 것에 비해 상당히 괄목할 만한 수치다. (2024년 한국과 미국의 성장률 전망은 각각 2.5% 와 2.6%이다.)

마지막 네 번째는 젊은 인구다. 인구가 많을수록 생산가능인구도 증가하여 경제성장 속도가 빨라질 수 있다. 인도는 2024년 기준 14억 2800만명으로 중국(14억 2500만명)을 제쳤다. 게다가 인도의 중위 연령 (인구 분포상 한가운데 연령)은 28세로 중국 (42.7세), 미국 (39.7세), 베트남 (35.6세)보다 젊다.

인도에 투자할 수 있는 방법?

현재 인도에 직접 투자하는 건 상당히 복잡하고 어렵다. 그래서 국내 상장된 인도 니프티 50 지수를 추종하는 ETF를 찾아보았다. 인도 Nifty50이란 인도 거래소에 상장한 기업 중 규모가 크고 유동성이 풍부한 우량주 50개로 구성된 포트폴리오 지수를 추종하는 펀드다.

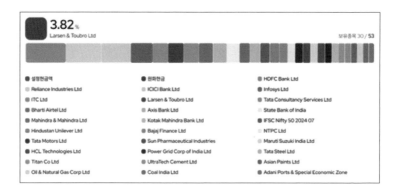

국내 상장된 대표 인도 Nifty50 ETF엔, KODEX 인도 Nifty50, TIGER 인도니프티50, KOSEF 인도 Nifty(합성)이 있다.

나는 수수료가 가장 적고 분배금률이 높은 'KODEX 인도 Nifty50'을 선택하였다. 각자의 우선순위에 맞는 상품을 비교하여 투자하면 된다.

인도 Nifty50 지수펀드 비교 (2025년 2월 9일 기준)

상품명	KODEX	TIGER	KIWOOM
상장일	23.4.21	23.4.14	14.6.26
운용사	삼성자산운용	미래에셋자산운용	키움투자자산운용
기준가	13,455원	13,160원	24,740원
순자산	4,489억원	6,818억원	2,220억원
1년 수익률	11.51%	11.73%	10.13%
실부담비용률	0.4408%	0.3941%	0.3787%
배당수익률	1.18%	1.33%	분배금 지급 내역 없음

　　ISA계좌가 왜 좋은지 그리고 이를 어떻게 활용할 수 있는지 알아보았다. 당장 어디에 투자할지 모르더라도 일단 만들어두면 3년이 카운트다운되므로 하나 만들어두도록 하자.

또 하나의 재테크 방법
'환테크'

자동 투자 시스템은 아니지만 누구나 쉽게 도전해 볼 수 있는 또 다른 재테크 방법을 하나 알려드리려고 한다. 내가 다양한 재테크 방법 중에서 투자를 결정하는 기준은 다음과 같다. 먼저 수익성이나 안전성 측면에서 충분히 검토해 보고 리스크가 적고 소액으로도 할 만하겠다는 판단이 들면 일단 시도해 보는 편이다. 그중에 하나가 바로 '환테크'였다.

'환테크'는 환전과 재테크를 합친 말로, 환율이 오르락 내리락하는 변동성을 이용하여 차익을 얻는 재테크다. 쉽게 말해 환율이 쌀 때 사서 비쌀 때 팔면 이득을 보는 구조다. 다들 한번쯤 해외여행 가기 전에 은행을 통해서 환전 업무를 본 적이 있을 것이다. 그와 크게 다르지 않다. 목적만 여행에서 재테크로 바뀌었을 뿐이다.

환테크의 좋은 점은 원리와 방법만 알면 어떤 나라의 통화에도 모두 적용할 수 있다는 점이다. 달러가 저렴해지면 달러를, 중국의 위안화의 값이 내려가면 위안화를 사두면 된다. 나는 첫 환테크의 통화로 엔화를 선택하였다. 그때 당시 엔화를 선택했던 이유는 크게 2가지였다.

G 국제뉴스 · 2024.07.04.   ⋮

"원·엔 850원대" 역대급 엔화 환율 최저치에 눈 돌리는 투자자들

4일 도쿄 외환시장에 따르면, **엔화**는 전날 한때 1달러당 161.90엔대까지 하락하며 1986년 이후 **최저치**를 기록했다. 이는 미국과 일본의 금리 차이로 인해 **엔화** 매각 움직임이 강해진 탓이다. **역대급** 엔저 현상에 일본 주...

🈺 한국면세뉴스 · 2024.04.11.   ⋮

日엔화 환율, 34년 만에 최저치 기록...1달러당 153엔대로 하락 [...

일본 **엔화**가 **역대급 최저치**를 기록했다. 11일 요미우리(読売)신문에 따르면 전날인 10일 뉴욕 외환시장에서 달러-엔 환율이 장중 153엔대로 하락해 1990년 6월 이래 34년에 **최저치**를 기록했다. 미국 연방준비제도이사...

첫 번째는 너무 저렴해진 엔화 값이었다. 내가 중학생일 때만 하더라도 엔화 환율은 1,000원에서 1,300원 사이를 왔다 갔다 했다. 하지만 최근 엔화는 역대 최저 800원대를 기록할 만큼 많이 저렴해진 상황이다. 이 때문에 역대급으로 많은 관광객들이 일본을 방문하기도 하였다. 따라서 지금이 엔화를 매수하기에 적기라 판단하였다.

두 번째는 엔화가 안전통화이기 때문이다. 흔히 글로벌 경제 상황이 좋지 않더라도 안전하다고 평가받는 통화엔 달러, 유로, 엔화가 있다. 주식투자의 경우 최악의 상황에선 내가 산 주식의 기업이 상장폐지하는 일까지 벌어질 수 있다. 하지만 일본이라는 나라가 망해서 없어질 거란 생각은 하지 않았다. 설령 환테크가 실패한다고 한들 환차익을 못 얻는 것뿐이지 우리가 산 것은 결국 '돈'이란 사실을 잊으면 안 된다. 그 돈으로 일본 여행을 가거나 또 일본 주식이나 채권을 사서 수익을 얻는 방법도 있다.

A	B	C	D	E	F	G	H
	매수일	매도일	매수가	매도가	매수합계 (원)	매도합계 (원)	매수 엔화
2	10월 23일	12월 8일	903.31	911.66	1,000,000	1,009,244	1,107.04
3	10월 24일	10월 30일	899.57	904.18	1,000,000	1,005,125	1,111.64
4	10월 31일	12월 7일	900.16	905.15	2,000,000	2,011,087	2,221.83
5	11월 1일	12월 7일	895.46	899.37	2,000,000	2,008,733	2,233.49
6	11월 02일	12월 7일	893.73	899.11	2,000,000	2,012,039	2,237.81
7	11월 03일	12월 4일	879.08	888.01	1,000,000	1,010,158	1,137.55

그래서 나는 작년 10월 23일에 100만 원어치 엔화 매수를 시작으로 하여 총 1,000만 원가량을 엔화로 환전하였다. (지나고 수익이 났을 땐 그때 더 사뒀어야 했는데라고 땅을 치며 후회하기도 하였다.)

그럼 내가 직접 환테크를 총 20회 이상 분할 매수/매도하며 느꼈던 장단점을 알려드리도록 하겠다. 장단점을 읽어본 후 본인의 성향과 가치관에 맞겠다는 판단이 들면 그때 시도해 보길 바란다.

환테크의 장단점

장점 1. 쉬운 투자 난이도

일단 환테크의 장점은 중학생도 할 수 있을 만큼 너무나 쉽다는 점이다. 예를 들어서 주식과 부동산과 한 번 비교를 해보겠다.

주식투자를 하기 전엔 개별 회사의 재무제표를 보고 그 회사가 돈을 잘 버는지, 부채는 많이 없는지 등 건전성을 확인해 봐야 한다.

또 부동산 투자하기 전에 어떤 지역의 몇 평짜리 매물인지, 몇 층인지, 대단지인지, 근처 호재는 있는지, 초품아 아파트라 선호도가 높은지, 방향은 어디로 나있는지, 역세권인지 등등 다양한 여건을 고려하여야 한다. 물론 대출이라는 레버리지를 활용할 수도 있겠으나, 초기 자본금도 많이 들어간다는 약간의 단점도 있을 수 있다.

그러나 환테크, 특히 일본의 엔테크같은 경우엔 개별 분석을 할 필요가 없다. 그저 일본이라는 나라의 경제 상황에 대해서만 알면 된다.

그래서 환테크를 해도 괜찮다는 판단이 들면, 환율 변동 차이에 따라서 환율이 내렸을 때 사고 비쌀 때 팔면 된다. 이렇게 사고파는데 10분도 채 걸리지 않는다. 내 시간과 노력이 거의 들어가지 않아 아주 편했다.

장점 2. 어디서든 투자 가능

환테크의 또 다른 장점은 바로 어디서든 장소에 구애받지 않고 재테크가 가능하다는 점이다. 휴대폰과 환전 가능한 어플만 있으면 된다. 실제로 작년 치앙마이 여행을 하였을 때도, 환전을 했었다. 지구 반대편에서도 일할 수 있는 디지털노마드의 삶을 꿈꾸는 나에겐 최적의 재테크 방법이다.

장점 3. 소액 투자도 가능

또 환테크는 소액 투자가 가능하다는 이점이 있다. 해외여행 가기 전에 환전을 한 것처럼 내가 감당 가능한 수준 안에서 재테크를 시도해 볼 수 있다. 몇 억이 없어도 괜찮다는 뜻이다. 하지만 이는 곧 단점과도 연결이 되는데 어느 정도 유의미한 수익을 보려면 시드머니가 있는 것이 좋다.

장점 4. 세금을 내지 않는 투자

환테크로 얻은 환차익에 대해선 세금을 내지 않아도 된다. 앞서 우리가 살면서 피할 수 없는 건 바로 죽음과 세금이라고 했을 만큼, 모든 수익엔 세금이 부과 된다. 주식 투자든, 부동산으로 수익을 내든 세금은 무조건 내야 한다. 하물며 예적금 이자에 대한 세금도 떼어가니, 가끔씩은 그 세금이 너무나 아깝게 느껴진다.

대신 환테크는 세금을 내는 대신 환전할 때 환전 수수료만 증권사에 지불하면 된다. (보통은 환율에 다 포함돼 있다.) 따라서 환테크의 핵심은 얼마나 환율 우대를 잘 받느냐에도 좌지우지되는 것 같다.

요즘은 많은 은행과 증권사에서 고객을 서로 유치하기 위해, 환전 우대 이벤트를 많이 진행한다. 나는 이전에 키움증권에서 환전 우대 95% 혜택을 적용받아 아직 잘 사용하고 있다. (자동으로 환율우대가 적용되는 증권사도 있지만, 경우에 따라선 직접 증권사에 환율우대를 신청해야 우대환율을 받을 수 있으니 잘 알아보도록 하자!)

장점 5. 상방 하방이 막혀있는 재테크

마지막 장점은 상방 하방이 막혀있어 비교적 안전하다는 점이다.

어느 날 갑자기 크게 환율이 오를 일도 없고, 또 크게 내려갈 일도 없다는 뜻이다.

환율은 박스권 안에서만 계속해서 움직이는 경향이 있다. 그래서 어느 정도 상방과 하방을 예측할 수 있기에, 미리 대비하고 계획을 세울 수 있다. 환율 변동은 박스권 안에서 수시로 일어나기 때문에 그 안에서 분할매수 매도만 잘 해도 충분히 수익을 낼 수 있다.

단점도 물론 존재한다.

단점 1. 소소한 수익률

환차이	최종 손익	총 수익률
8.35	9,244	0.92%
4.61	5,125	0.51%
4.99	11,087	0.55%
3.91	8,733	0.44%
5.38	12,039	0.60%
8.93	10,158	1.02%
24.53	55,284	2.76%
6.38	21,161	0.71%
7.6	25,149	0.84%
6.96	23,035	0.77%
4.3	14,358	0.48%
4.15	13,989	0.47%
5.87	19,902	0.66%

앞서 얘기한 것처럼 환율은 드라마틱하게 오르거나 내리지 않기 때문에, 얻을 수 있는 수익률 자체는 소소하다. 따라서 더 큰 수익을 얻으려면 그만큼 당연히 투입되는 시드머니가 커야 한다.

단점 2. 인내심

환율은 신의 영역에 속한다고 말할 만큼 예측하는 건 상당히 어려운 일이다. 워낙 다양한 이해관계에 따라 움직이기 때문에 환율이 언제 오를지 아무도 예측할 수 없다.

매수일	매도일	매수가	매도가
1월 11일	2024. 8. 1	906.43	913.39
2월 5일	2024.7.25	898.43	902.73
2월 13일	3월 7일	889.97	894.12
2월 22일	3월 6일	884.82	890.69

실제로 수익실현을 하기까지 최대 5개월~7개월이 소요되기도 하였다.

그래서 내가 샀던 엔화 금액보다 더 내려갈 수 있고, 그 상태로 몇 개월을 답보 상태에 빠질 수도 있다. 이 말은 주식처럼 내 돈이 물릴 수 있다는 뜻이다. 그래도 기업들은 호재라도 있으면 수혜를 입어 반짝 주가가 반등하기도 하지만 환율은 그렇지 않아 인내심이 더 요구될 수 있다.

따라서 다른 재테크 방법에도 적용되는 말이겠지만, 지금 당장 필
요한 돈으로 투자해선 절대 안 된다. 내가 여유롭지 않은 상황에서
투자를 하게 되면 이성보단 감정에 앞서 쫓기듯이 투자를 하게 된
다. 그러다 보면 수익보단 손실이 더 커질 수 있다는 것을 잊지 말자.

환테크로 번 수익 공개

매수일	매도일	매수가	매도가	매수합계 (원)	매도합계 (원)	매수 연화	환차이	최종 손익	총 수익률		총 환차익	643,964
10월 23일	12월 8일	903.31	911.66	1,000,000	1,009,244	1,107.04	8.35	9,244	0.92%			
10월 24일	10월 30일	899.57	904.18	1,000,000	1,005,125	1,111.64	4.61	5,125	0.51%			
10월 31일	12월 7일	900.16	905.15	2,000,000	2,011,087	2,221.83	4.99	11,087	0.55%			
11월 1일	12월 7일	895.46	899.37	2,000,000	2,008,733	2,233.49	3.91	8,733	0.44%			
11월 02일	12월 7일	893.73	899.11	2,000,000	2,012,039	2,237.81	5.38	12,039	0.60%			
11월 03일	12월 4일	879.08	888.01	1,000,000	1,010,158	1,137.55	8.93	10,158	1.02%			
11월 3일	12월 8일	887.42	911.95	1,999,996	2,055,280	2,253.72	24.53	55,284	2.76%			
12월 20일	12월 21일	904.5	910.88	3,000,000	3,021,161	3,316.75	6.38	21,161	0.71%			
1월 5일	1월 9일	906.59	914.19	3,000,000	3,025,149	3,309.10	7.6	25,149	0.84%			
1월 11일	8월 1일	906.43	913.39	3,000,000	3,023,035	3,309.69	6.96	23,035	0.77%			
2월 5일	7월 25일	898.43	902.73	3,000,000	3,014,358	3,339.16	4.3	14,358	0.48%			
2월 13일	3월 7일	889.97	894.12	3,000,000	3,013,989	3,370.90	4.15	13,989	0.47%			
2월 22일	3월 6일	884.82	890.69	3,000,000	3,019,902	3,390.52	5.87	19,902	0.66%			
3월 8일 (스위치원 이용)	7월 25일	896.62	902.86	3,000,000	3,020,878	3,345.90	6.24	20,878	0.70%			
3월 11일	4월 12일	892.9	899.1	3,000,000	3,023,235	3,362.51	6.2	23,235	0.77%			
3월 20일	4월 12일	885.32	898.71	2,999,995	3,045,368	3,388.60	13.39	45,373	1.51%			
3월 21일	3월 25일	879.71	885.86	2,999,995	3,020,968	3,410.21	6.15	20,973	0.70%			
4월 25일	7월 24일	886.84	890.7	9,999,998	10,043,523	11,275.99	3.86	43,525	0.44%			
5월 8일	7월 24일	879.99	890.88	9999995	10,123,746	11,363.76	10.89	123,751	1.24%			
10월 28일	11월 13일	903.54	908.2	9999992	10,051,567	11,067.57	4.66	51,575	0.52%			
11월 15일	11월 18일	896.43	900.06	9999999	10,040,493	11,155.36	3.63	40,494	0.40%			
11월 18일	11월 22일	902.13	906.18	9999993	10,044,887	11,084.67	4.05	44,894	0.45%			

백문이 불여일견! 그럼 내가 환테크로 이때까지 총 얼마의 금액
을 벌었는지 수익률을 공개하려고 한다. 작년 10월부터 올해까지 총
23번의 분할 매수와 매도를 진행하였다. 총 누적 수익은 643,964원
이다.

매수하고 매도까지 길면 7개월, 짧으면 단 하루 만에도 수익을 내

곤 하였다. 한 번 매도할 때마다 최소 0.44%에서 최대 2.76% 수익률을 내었다.

상대적인 기준에 따라서는 누군가는 적은 수익률이라고 하며 차라리 그 시간에 비트코인에 투자하는 것이 더 낫겠다고 말할 수 있겠다.

하지만 난 이 수익을 얻기 위해서 들인 시간이 총 15분도 안 넘을 것 같다. 한 번 엔화를 살 때 증권사 어플을 켜서 매수하는데 빠르면 30초, 다시 파는데 동일하게 30초 정도밖에 안 걸렸기 때문이다.

게다가 이 돈을 버는데 육체적으로나 정신적으로나 스트레스를 일절 받지 않았다. (애초에 당장 필요하지 않은 돈으로 투자하였기에 조바심을 느끼지도 않았다.) 힘들게 나의 시간과 노동을 바꾼 것도 아니고, 다른 사람과의 인간관계 스트레스를 받지도 않았고, 상장폐지할까봐 불안에 떨지도 않았으며 심지어 일본어를 배운 것도 아니다!

사실 나는 원래 '쉽게 돈 번다'는 말을 정말 싫어한다. 겉으론 돈을 아무리 쉽게 버는 것처럼 보여도 그 속을 가만히 들여다보면 저마다의 힘들었던 과정과 고충들이 있을 거라 생각하기 때문이다. 그런데 그런 나도 환테크는 돈을 상대적으로 쉽게 벌 수 있는 방법이라고 생각한다. 내가 한 일이라곤 고작 손가락 몇 번 왔다 갔다 하여 환전을 진행한 것 밖에 없다.

만약 더 많은 금액을 투자하였더라면 수익은 어떻게 달라질까? 환테크의 수익은 '투자 금액 X 환 차이 X 수수료'에 따라 달라진다.

앞에서도 말했듯 환율은 어느 정도 상방과 하방이 막혀있기 때문에, 어느 날 미친 듯이 올랐다가 또 어느 날 갑자기 떨어지거나 하지 않기 때문에 변동 폭 자체는 적은 편이다. 따라서 수익률 자체에서도 어느 정도 한계가 있을 수 있다는 뜻이다.

따라서 수익률은 어느 정도 정해져 있으니 돈을 얼마나 더 투자하는지, 그리고 수수료를 얼마나 더 아낄 수 있는지에 따라서 수익금액이 크게 달라질 수 있다.

매수가	매도가	매수합계 (원)	매도합계 (원)	매수 엔화	환차이	최종 손익	총 수익률
860	914	40000000	42,511,628	46,511.63	54	2,511,628	6.28%

만약 일본 환율이 860원이었을 때, 4,000만 원을 환전하여 추후 914원에 팔았다면 얼마의 환차익을 얻게 되는 걸까? 엑셀로 한 번 계산을 해보자. 환율우대 95% 기준 2,511,628원을 벌 수 있게 되는 셈이다.

환테크 직접 따라 해보기
- 나만의 매수매도 원칙 정하기

투자를 본격적으로 시작하기 전에 나만의 매수매도 원칙을 세우는 것이 좋다. 만약 원칙을 정해두지 않으면 오로지 감에만 의존한 투자를 하게 될 가능성이 높다. 이성보다 감정이 앞설 경우 실수를 하게 될 가능성도 함께 커지는 것은 당연하다. 하지만 매수매도 원칙을 미리 정해둔다면 어떠한 상황에도 흔들리지 않고 이성적인 투자를 할 수 있게 된다.

환테크도 마찬가지다. 환율 변동을 쉽게 예측할 수 없고 환율이 수시로 오르락 내리락한다고 하여 투자도 아무 생각 없이 하면 안 된다. 그럼 지금부터 나만의 매수매도 원칙을 세우는 방법을 알려주려고 한다. 중학생도 쉽게 이해할 수 있을 만큼 정말 쉬우니, 한 번 찬찬히 집에서 노트북을 켜고 따라 해보길 바란다. 한 번만 방법을 배워두면 충분히 다른 통화에도 적용할 수 있다.

1. 구글에 엔화 검색하기

먼저 엔화의 역대 최저값과 최고값을 확인하기 위해 구글에 엔화를 검색해 준다. 그러면 우리는 집에서 정말 손쉽게 역대 엔화의 히스토리를 한눈에 볼 수 있다. (참 편한 세상이다!)

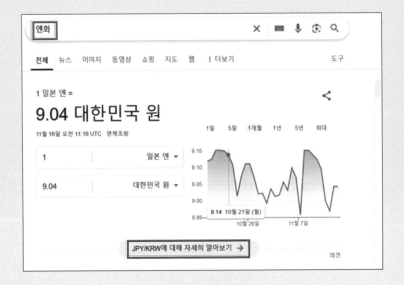

2. 역대 최저값 확인하기

게으르게 살지만 부자는 되고 싶어

기간을 최대로 두고 보면 2007년에 엔화가 약 740원대였음을 확인할 수 있다. 그럴 확률은 희박하겠지만 만약 경제 상황이 나빠진다면 700원대까지는 떨어질 수 있겠구나를 염두에 두는 것이 좋다.

3. 5년간 최저가격과 최고가격 확인하기

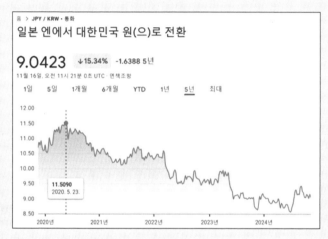

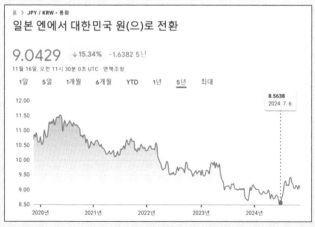

그리고 기간을 5년으로 설정하여 최저가격과 최고가격을 확인한다. 최고로 엔화가 비쌌을 때는 대략 1150원대, 가장 저렴하였을 때는 850원인 것을 알 수 있다.

4. 나만의 매수 원칙 정하기

대략적으로 천원이 평균금액임을 알 수 있다. 그럼 1,000원을 기준점으로 삼고 엔화가 그 아래로 떨어졌을 때 매수를 진행한다는 원칙을 세울 수 있다. 또한 가격이 계속해서 떨어질 때마다 추가로 얼마의 금액을 투자할 것인지 미리 정해두는 것이 좋다.

만약 내가 '총 1,000만 원을 투자할 거고 엔화가 5원씩 떨어질 때마다 나는 100만 원 치를 환전할 거야'라고 매수 원칙을 세울 수 있다. 한꺼번에 사는 것보다 가격이 더 떨어졌을 때의 손실을 최소화하기 위해 분할매수하는 것을 추천한다.

5. 나만의 매도 원칙 정하기

만약 저렴할 때 산 엔화의 환율이 올랐다면? 드디어 뿌린 씨앗의 곡식을 회수할 때다. 중간중간 환율이 오르면 사두었던 엔화를 매도한다. 나는 보통 4원 이상 오르면 되팔았다.

어떤 이들은 환율 타이밍을 놓칠까 봐 예약 매수나 매도를 걸어두는 경우도 있다. 나도 그렇게 할 순 있었으나, 굳이 그렇게 하진 않왔다. 오히려 매도 타이밍을 놓쳐서 아쉬워했지만 그다음 날 가격이 더 올라 더 큰 수익을 얻은 적도 있기 때문이다.

휴대폰에 환율 위젯을 설치해둔다면 나처럼 가끔씩 환율이 생각날 때만 체크할 수 있다. 가볍게 체크한 한 후 내가 산 금액보다 올랐으면 되판다.

우리가 재테크를 하는 이유는 우리의 시간과 노동력을 아껴서 자본을 불리기 위한 것이라 생각한다. 그런데 하루 종일 환율 그래프만 보고 있으면 주객전도가 되어버려 오히려 우리가 돈의 노예가 되어버릴 수 있다. 처음에만 환율 급등락에 신경을 쓰지, 투자 횟수가 쌓일수록 무뎌지니 걱정하지 말길 바란다.

환테크 직접 따라 해보기 - 증권사 VS 은행 수수료 비교 ———

그럼 이제 환테크를 하기로 마음을 먹었다면 환전할 곳을 정하면 된다. 나는 은행이 아니라 증권사에서 환전을 해왔다. 그 이유는 바로 수수료 차이 때문이다.

내가 환테크를 하고 있는 키움증권의 경우 스프레드 1%에 환전

수수료 우대율이 95%다. 기준환율 대비 수수료는 0.05%로 보통 은행들의 수수료가 0.175%이고 거래 한도 제한이 있음을 감안하면 증권사에서 환테크를 하는 것이 더욱 유리하겠다 판단하였다.

하지만 증권사도 단점이 있다. 바로 영업시간 (오전 9시~오후 4시 30분) 에만 환전할 수 있다. 그러나 개인적으로는 큰 불편함을 느끼지 못하였다. 오히려 24시간 거래할 수 있다면 내가 환율에만 매달릴 것 같아서 오히려 다행이라고 생각하였다.

대부분의 증권사에선 환율우대 95% 이벤트를 진행하고 있으니, 잘 알아보고 혜택을 받으면 된다.

토스 뱅크

환테크의 특성상 환전 거래 횟수가 많을 수밖에 없는데, 몇 번 환전하면 자동 차단된다는 이야기를 들었다. 또 국내에서 외화 출금이 불가능하며 외화를 다른 외화 통장으로 이체할 수 없다. 또 이렇게 산 돈을 가지고 증권사처럼 주식이나 ETF를 살 수 없으니 여러모로 불편하리라 판단하였다.

트래블 월렛

매수할 때는 수수료가 0%이지만, 반대로 매도할 땐 수수료가 든다. 또 환전할 수 있는 한도 금액이 180만 원이어서 너무 적다.

스위치원

하루 환전 횟수 제한이 없고 쉽고 간편한 UI가 장점이긴 하나 환전 우대율 설명이 모호했다. 그래서 최종적으로 몇 %를 우대해 준다는 건지 알 수가 없어 불편했다. 또한 매수매도 금액이 총 4,000달러 (한화로 572만 원 정도)를 넘어가면 안 된다.

그런데 여기서 똑똑한 독자분은 이렇게 반문할 수 있을 것 같다. '요즘 토스처럼 환율우대 100% 해주는 곳이 많던데 왜 거기는 추천 안 하시나요?' 물론 환율우대 100%를 해주는 곳은 많지만, 환테크를 하기엔 적합하지 않다고 판단하였다.

환테크 직접 따라 해보기
- 증권사 어플로 환전 진행하기

만약 이미 증권사 어플을 개설하였고 환율우대 서비스를 받았다면, 그다음부터 매수매도는 너무나 쉽다. 이에 대한 자세한 설명은 이미 유튜브에서 자세하게 다룬 바가 있으니, 다음의 영상을 참고해 주길 바란다.

환테크 직접 따라 해보기
- 환테크도 자동화하기

만약 환율을 일일이 확인하는 것도 싫고 환전하는 과정이 번거롭다면, 환테크도 자동화 시스템을 만드는 것도 좋은 방법이다.

실제로 몇몇 증권사와 은행에선 '목표 환율 자동 서비스'를 제공하고 있다. 고객이 원하는 환율 금액을 설정해서 입력해 놓으면 환율이 목표 금액에 도달하였을 때 자동으로 외화 매수 또는 외화 매도를 해주는 서비스이다.

직접 찾아보니 목표 환율 자동 서비스를 제공하고 있는 곳은 아래와 같았다. 여기에 적힌 곳 말고도 대부분의 증권사와 은행에서 이

미래에셋증권 목표환율 자동환전 화면

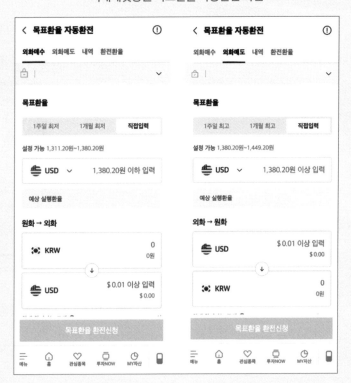

게으르게 살지만 부자는 되고 싶어

와 같은 서비스를 제공해 줄 수 있으니, 한번 본인이 현재 쓰고 있는 어플리케이션을 잘 살펴보도록 하자.

- 증권사 : 미래에셋증권, 키움증권, 나무 증권
- 은행 : 신한은행, 하나은행, 우리은행, 트래블로그

키움증권 목표환율 자동환전 화면

완벽하지 않더라도 일단 투자해보자!

내가 재테크를 하며 느낀 점이 있다. 일단 투자를 시작하면 경제 공부는 자연스럽게 따라오게 된다는 것이다. 내 돈이 직접 들어가는 것만큼 확실한 경제 공부는 없다.

나도 엔화를 1,000만 원어치를 사두자 자연스럽게 일본과 엔화 뉴스에 관심을 더욱 가지게 되었다. 그렇게 뉴스를 읽다 보니 환율과 금리가 상관관계에 있다는 새로운 사실도 알게 되었다. 여기서 환율이랑 금리가 무슨 상관이 있을까란 호기심이 생기면서 금리 공부까지 추가로 하게 되었다. (원래 금리의 금자도 공부하기 싫었던 사람이다. 너무나 어렵고 복잡하게 보였고 나와는 상관이 없는 먼 일이라 생각했기 때문이다.)

완벽한 이론을 갖추고 시작하는 재테크보단 일단 소액으로라도 먼저 투자해서 시행착오를 겪어나가는 투자가 훨씬 낫다. 그러니 완벽한 공부, 완벽한 타이밍을 기다리지 말고 일단 먼저 시도해 보는 습관을 가지길 바란다.

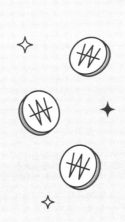

PART
5

당신의
'몸값'을 키워라

저축과 투자를 자동화한
진짜 이유

천하무적처럼 모든 일을 잘할 수 있다면 얼마나 좋을까. 맘 같아선 투자도 워런 버핏처럼 일도 스티브 잡스처럼 척척해내고, 놀기도 잘 놀고 싶지만 우리의 몸은 한 개다. 우리가 잠에서 깨어나 사용할 수 있는 시간과 에너지는 무한하지 않다. 그러니 나의 한계를 인정하고 내가 노력할 수 있는 부분을 선택해 집중하는 편이 좋다.

워런 버핏은 이렇게 말한 적이 있다. '돈은 S&P500에 묻어두고 일터에 돌아가 자기 일을 열심히 하라. 노동생산성을 높이고 그 임금을 S&P500에 투자하면 어렵지 않게 부자가 될 수 있다.'

투자금액 X 투자 기간 X 수익률 = 수익금액

투자로 자산을 불리려면 투자금액, 투자 기간, 수익률이라는 세 변수 중 최소 하나 이상의 값을 높여야 한다.

시간을 절대 되돌릴 수 없기에, 하루라도 빨리 투자를 시작하여 기간을 늘려야 한다. 또, S&P500의 연평균 수익률은 8~10% 정도다. 개별 종목에 투자하여 수익률을 올릴 수도 있으나, S&P500과 같은 시장지수에만 투자한다면 내가 수익률에 미칠 수 있는 영향력은 거의 없다. 따라서 이 세 변수 중 나의 노력으로 크게 바꿀 수 있는 것은 '투자금액'이다.

저축과 투자는 자동 시스템에 맡겨두고 나는 벌어들이는 소득을 높여 투자 금액 규모를 키워야 한다. 그래야 원하는 부를 더 빠르게 얻을 수 있기 때문이다.

그럼 어떻게 소득을 늘릴 수 있을까? 직장인이라면 커리어에서 인정을 받아 승진을 하거나 이직을 하면서 연봉을 점프시킬 수 있다. 동시에 부업도 겸하면서 월급 외 수익을 얻을 수 있다. 만약 프리랜서라면 포트폴리오와 신뢰도를 점차 쌓아가며 작업물에 대한 단가를 높일 수 있다. 또 자신이 하고 싶은 아이템이 있다면 사업을 통해

돈을 벌 수 있다.

투자 기간은 복리의 힘을 빌리고 수익률은 S&P500에 맡겨두자. 그렇게 세이브한 시간과 에너지로 나의 몸값을 높이는데 인풋을 투입하도록 하자.

정규직만 되면
다 해결될 줄 알았다

외국계에서는 신입이 계약직으로 경력을 쌓고 정규직으로 전환되거나 이직하는 경우가 상당히 흔하다. 간혹 쌩신입을 바로 정규직으로 채용하는 경우도 있지만, 가뭄에 콩 나듯 매우 드물다.

나 또한 계약직으로 일을 시작했다. 이런 고용형태가 수두룩하다는 걸 알았더라도 가끔씩 경험하는 정규직과의 차별은 나의 자존감을 많이 위축시켰다.

정규직과 달리 계약직의 이메일 주소에는 ext (external : 외부의 약자) 가 붙어 구분될 수 있다. 다치면 정규직은 치료비를 보험처리할 수 있지만, 계약직은 할 수 없다. 작은 서러움들이 쌓여 정규직을 더 갈망하게 만들었던 것 같다.

그렇게 2년간의 계약직 생활을 끝내고, 드디어 정규직으로 이직할 수 있었다. 이제 비정규직으로 돌아가지 않아도 된다는 안도감이 밀려왔다. 하지만 평화도 잠시뿐이었다.

코로나19로 원격, 화상, 디지털 등 IT업계가 호황을 맞으면서 신규 인력이 대거 채용됐다. 하지만 팬데믹도 점차 사그라들 기미가 보이면서 예전만큼 디지털에 대한 수요가 많지 않게 되었다. 회사 입장에선 너무 많은 직원들이 골칫덩어리였다. 그때 많은 사람들이 해고 통보를 받아 한순간에 일자리를 잃는 것을 지켜보았다.

'아, 정규직도 언제든 잘릴 수 있구나.' 지금은 참 당연한 말이지만, 항상 안정적인 일자리를 갈망했던 나에겐 다소 충격적이었다. 겨우 이걸 얻고자 지난 세월의 설움을 견뎠나 싶어 허망하기도 했다.

그때 알았다. 회사는 절대 직원의 미래를 책임져주지 않는다는 사실을. 내가 좋아하는 책 〈가장 빨리 부자 되는 법〉에선 이를 잘 설명해 주는 구문이 있다.

당신이 좋은 대학에 들어가 우등으로 졸업하고, 연봉이 7만 달러 (약 1억)인 대단한 직장에 들어갔다고 가정하자. 당신은 물불 안 가리고 열심히 일한다. 그래서 매년 평균 5~7퍼센트씩 임금이 인상됐다. 이 속도라면 10년 뒤에는 연봉으로 10만 달러(약 1억 3천) 이상을 벌 것이고, 30년 뒤에는 꽤 큰돈을 손에 쥘 수 있다. 이렇게만 되면 당신은 행운아다.

(중략)

단 이 중 하나도 벌어져서는 안 된다.

1) 향후 30년 이내에 죽으면 안 된다.
2) 당신 잘못으로 해고당하면 안 된다.
3) 회사 사정으로 정리 해고당하면 안 된다.
4) 회사에서 당신이 하던 일을 외주로 빼면 안 된다.
5) 당신이 하던 일이 쓸모 없어지면 안 된다.

망치로 머리를 한 대 맞은 기분이었다. 왜 월급을 받는 삶이 가장 안전하다고 생각했을까? 실상은 내가 통제할 수 없는 부분이 훨씬 큰데 말이다. 그때부터 월급에만 의존하면 안 되겠다는 생각이 강하게 들었다.

월급통장에 800만 원이 찍힌 날, 퇴사를 결심했다

월급날 통장에 800만 원이 찍혀있었다. 참 이상하게도 그 어떤 일 말의 감정도 느껴지지 않았다. 불행하지도 행복하지도 않은 무미건 조한 상태로 다시 일에 집중했던 기억이 난다.

그때 직감했다. '아, 내가 여기서 더 높은 연봉을 받더라도 행복하 지 않겠구나.' 더 많은 돈을 받으면 삶이 더 만족스러워지겠지라며 가짜 목표를 향해 달려왔다는 생각이 들었다. 오히려 속이 후련했다. 내가 쫓고 있던 목표가 진짜 내가 원한 게 아니었음을 일찍 알게 되 어서 다행이었다.

아인슈타인은 이렇게 얘기한 적이 있다.

Insanity: doing the same thing over and over again and expecting different results.

'똑같은 일을 반복하면서 다른 결과를 기대하는 일은 미친 짓이다.'

그래. 더 이상 이렇게 살고 싶지 않았다. 핑계 대며 더 이상 내 행복을 유예시키지 말고 지금부터라도 내가 원하는 삶을 얻기 위해 노력해보자 다짐했다.

"

<u>인생을 바꾸는덴</u>
<u>만 원이면 충분하다</u>

"딱 만 원부터 벌어보세요. 정말 많은 걸 배우실 수 있을 거예요."

월급 외 부수익을 고민하던 나에게 한 지인분께서 이렇게 말씀해 주셨다. 이 말을 듣는 순간 양가적인 생각이 들었다. 첫 번째는 '내가 과연 사람들에게 무언갈 팔 수 있을까?' 두 번째는 '고작 만 원 번다고 뭐가 진짜 많이 바뀔까?'였다. 내 능력에도, 만 원이라는 금액에도 의구심이 들었다.

세상엔 내가 직접 해보기 전까진 절대 알 수 없는 것들이 있다. 새로운 도전으로 돈을 벌어보니, 내가 알고 있던 세계가 너무 작았음을 깨닫게 되었다.

먼저 나에겐 너무 익숙한 정보와 지식이라 할 지어도, 누군가에겐 돈을 지불해서라도 얻고 싶은 해결책이 될 수 있다는 사실을 알았다. 그리고 만 원을 직접 벌어본 사람은 이전과 다른 변화를 체감할 수 있다. 나 또한 매달 정해진 월급을 받을 때와 세상을 바라보는 눈이 180도 바뀌었다.

직장인은 주어진 업무 범위 내에서만 일을 잘 하면 된다. 하지만 결국 홀로서기 위해서는 스스로 물건이나 서비스를 창조하여 팔 수 있어야 한다. 즉, 소비자의 시각에서 생산자의 관점을 갖출 수 있어야 한다. 돈을 쓰는 소비자와 돈을 버는 생산자 둘 중, 어느 누가 더 빨리 부의 추월차선에 올라탈지는 답하지 않아도 뻔하다.

그런데 내가 주위 사람들에게 "일단 만 원에 팔아보세요."라고 얘기해도 선뜻 실행하는 사람은 많지 않다. 그들의 마음을 헤아려 보건대, 이런 마음들이 발목을 붙잡고 있을 것 같다.

첫 번째는 판매에 대한 죄책감이다. 평생 월급만 받다가 타인으로부터 돈을 받으려 하니 영 불편하고 마음에 걸리는 것이다.

그렇다면 당신은 왜 돈을 지불하여 식당에서 음식을 먹고, 미용실에서 손질받고, 가게에서 물건을 사는가? 그들의 물건이나 서비스에 대한 가치를 잘 알기에 돈을 기꺼이 내는 것이다.

당신도 마찬가지다. 내가 다른 사람의 문제를 기꺼이 해결해 줄 수 있다면 내 시간과 노력에 대해 보상받아야 한다. 여기서 경계해야 할 자세는 비용만큼 가치를 못 주는 것이지, 비용 대비 합당한 서비스를 제공했다면 문제될 것이 전혀 없다.

또 다른 걸림돌은 처음부터 많은 사람을 만족시켜야 한다는 부담감이다. '아무도 안 사면 어떡하지? 5명도 안 모이는 것 아냐?'

그런데 그게 그렇게 큰 문제일까? 당장 이걸로 3대 가문을 먹여 살릴 부를 쌓자는 것도 아닌데 말이다.

만약 4명의 구매자가 나타났다고 가정해 보자. 고작 4명밖에 없다고 실망할 것인가? 나라면 이 4명을 만족시키기 위해 어떻게든 노력할 것이다. 이 4명도 만족시킬 수 없다면, 14명 더 나아가 40명, 또 400명을 절대 만족시킬 수 없다고 생각하기 때문이다. 게다가 소수여도 내 물건과 서비스가 마음에 든 사람이 자발적으로 입소문을 내주기도 한다. 한 명이 고객이 곧 열 명을 불러온다고 생각하고 최선을 다해보자.

실행력 200% 끌어올리는 주문
'일대빨'

지인에게 한 번 듣고 뇌에 강렬히 각인된 말이 있다. 바로 '일대빨'이다. 자신이 만났던 성과가 있는 사람들은 대부분 일을 '일단 대충 빨리' 시작하고 본다는 것이었다.

모든 걸 빠짐없이 준비하고 완벽한 타이밍을 기다리는 것보다, 일단 빠르게 실행하는 것이 더 나은 결과를 가져다줄 때가 있다.

전화기를 발명한 사람은 보스턴대학교 교수였던 알렉산더 그레이엄 벨이다. 이 사실을 알고 있는 사람은 많다. 하지만 그 당시 전화기를 개발하고 특허 신청을 계획 중이었던 다른 이들도 있었다는 사실은 비교적 알려져 있지 않다. 누군가는 때를 기다리고 있던 사이, 벨은 신속히 특허 신청을 해 AT&T라는 미국의 거대 통신회사를 설립했다.

완벽한 때는 존재하지 않는다. 설령 있다고 하더라도 우리는 그 타이밍이 언제인지 알 수 없다. 그러니 일단 대충 빨리 일을 시작하는 습관을 가져보도록 하자.

프로 야구 선수들도 하지 못하는 것 ————

그러나 여기서 명심할 것이 있다. 재빨리 발걸음을 내딛었더라도 항상 좋은 결과가 보장되는 건 아니다. 매 결과에 일희일비하는 사람들이 있다. 나 또한 마찬가지였다. 특히 유튜브는 업로드하는 순간부터 성적표가 매겨진다. 저번 영상은 반응이 좋았는데, 이번 영상의 조회수가 저조하면 참 할 맛이 안난다.

그런데 미국 메이저리그 야구선수들의 평균 타율이 2할 5푼이라는 사실을 아는가? 10번의 타석에서 약 2.5번 정도만 안타를 친다는 뜻이다. 이 사실은 나에게 꽤나 큰 위로가 되었다. '그래, 매일 전문적으로 훈련받는 프로 선수들도 타율이 2할 5푼이라는데 나라고 어떻게 매번 홈런을 칠 수 있겠어?'

그 이후 일단 대충 빨리 시작하되, 결과에 연연해하지 않게 되었다. 야구방망이를 많이 휘둘러봐야 언젠간 홈런을 칠 수 있는 것처럼, 내가 하는 모든 실행이 쌓여 좋은 결과를 가져다줄 것이라 믿기 때문이다.

PART
6

당신의 이야기가
돈이 되는 순간

평범했던 선원이
하루만에 작가가 될 수 있었던 이유

"예프린님 말씀대로 제 지난 경험들을 쭉 종이에 적어보긴 했는데, 제 눈엔 특별할게 전혀 없어요."

흔히 어떤 주제로 SNS를 해야 할지 잘 모르겠다고 말하는 분들께, 어렸을때부터 지금까지의 경험을 종이에 쭉 적어보라는 조언을 한다. 이렇게 하면 나의 인생사 전체를 조망할 수 있고, 그 과정에서 잊고 지냈던 경험까지 재발견할 수 있기 때문이다.

적었던 리스트를 나에게 보내달라고 했다. 찬찬히 읽어보다가 눈길을 확 사로잡는 키워드가 있었다. 바로 몇 년간 바다에서 항해사로 일했던 이력이었다. 보통 항해사라 하면 거친 남성의 이미지가 먼저 떠오른다. 그래서 오히려 여성 항해사의 이야기가 사람들에게 더 신선하고 흥미로울 것 같다고 판단했다. 이 주제로 브런치 작가 신청을 해보시라고 권유드렸다.

그러자 그 분은 너무 의외라는 듯 되물으셨다. "과연 사람들이 관심있어할까요? 저에겐 평범하게만 느껴지거든요." 계속해서 의구심을 가지고 끝까지 자신없어 하셨지만, 나의 강력한 설득으로 알겠다고 하셨다. 그리고 며칠 뒤, 덕분에 브런치 작가에 한 번에 합격했다는 카톡이 왔다.

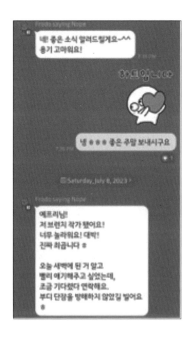

게으르게 살지만 부자는 되고 싶어

내가 앞서 저축과 투자는 자동 시스템에 맡겨두고 우리는 몸값을 높이는데 집중해야한다고 말했다. 나는 연예인이 아닌 일반인이 가장 빠르게 자신의 가치를 높일 수 있는 방법이 'SNS를 통한 퍼스널 브랜딩'이라 생각한다. 나를 적극적으로 세상에 알릴수록 생각지 못한 기회가 더 많이 생겨난다. 하지만 이미 대부분의 사람들이 이 사실을 너무나 잘 알고 있다. 그런데도 왜 선뜻 실행으로 바로 옮기지 못할까?

위의 사례에서도 알 수 있듯, 많은 사람들이 자신의 이야기를 생각보다 더 과소평가하는 경향이 있다. 그도 그럴 것이 본인에게는 이미 너무 당연하고 새로울게 없기 때문이다. 하지만 나에겐 익숙한 경험이라 할지라도 누군가에겐 새롭고 흥미로운 주제가 될 수 있다. 그러니 스스로에 대한 의심을 그만 멈추고 사람들에게 나의 진솔한 이야기를 하나둘씩 알려보자.

> **Tip!** 자신의 연대기를 적은 후 꼭 주위의 3명에게 보여주도록 하자. 공통적으로 관심 있어 하는 주제가 여러사람에게 소구될 가능성이 높다.

사람들은 당신의 이야기를
궁금해하지 않는다

"미라클모닝에 대해서 말하고 싶어요. 미라클모닝을 실천하면 어떤 점이 좋은지 아침 일찍 일어나 어떤 일들을 할 수 있는지 소개하고 싶어요."

우리는 저마다 세상에 하고 싶은 말들이 있다. 하지만 문제는 사람들이 너무 '본인이 하고 싶은 말'만 한다는 것이다. 내가 전달하고자 하는 '메시지' 자체가 좋으니 자연스레 대중들이 내 말에 귀 기울여주고 따라줄거란 착각 때문이다. 하지만 미라클모닝에 대해서 말하고 싶은 사람들은 지천에 깔리고 널렸다. 사람들이 수많은 스피커들 중 굳이 내 얘기를 귀담아들을 필요가 없다는 뜻이다.

게으르게 살지만 부자는 되고 싶어

그러니 사람들에게 눈에 띄어야 한다. 하지만 어떻게? 방법은 간단하다. 나의 '스토리'를 콘텐츠에 녹여내면 된다. 그것도 아주 진솔하게. 내가 왜 미라클모닝에 관심을 가지게 되었는지. 내 삶이 어떻게 변했는지. 내가 걸어온 내 삶의 궤적은 그 누구도 흉내낼 수 없다. 이게 바로 나만의 '차별성'이 된다.

나도 항상 나만의 진솔한 이야기를 콘텐츠에 풀어내려고 한다. 단순히 '제 꿈은 디지털노마드에요!'라고 얘기하는 것이 아니라 어떤 계기로 관심을 가지게 되었는지 최대한 구체적으로 설명한다.

또 심플하게 '경제와 재테크'에 대한 정보만을 주기보다, 내가 왜 월급에 만족할 수 없었는지 재테크에 입문하게 된 배경과 히스토리를 말한다. 이 과정에서 내 이야기에 공감하고 감정이입을 하는 사람들이 생겨날 수 있다.

서론이 길었다. 다시 요약하자면 크게 이 2가지만 염두에 둔다면 퍼스널브랜딩엔 문제가 없을 것 같다. 첫번째. 내가 하고 싶은 이야기와 사람들이 듣고 싶어하는 이야기의 '교집합'을 먼저 찾자. 콘텐츠 크리에이터라면 항상 이 둘 사이의 균형을 잘 잡는 것이 중요하다. 내가 하고 싶은 말만 한다면 일기장에 적는 것과 다를 바 없다. 또 반면 너무 사람들의 반응만 쫓는 콘텐츠를 만든다면 내 이야기를 하지 못하고 번아웃이 올 수 있다.

두 번째, 이 교집합을 잘 찾았다면 내 주제에 나만의 '스토리'를 입히는 작업을 꼭 하도록 하자. 예전에 한 지인이 인스타 2만 팔로워를 보유하였는데, 무물(무엇이든 물어봐)을 했지만 24시간이 지나도록 한 개의 질문도 안 왔다는 이야기를 들은 적이 있다. '정보'만 준다면 사람들은 나를 좋은 정보만 주는 AI로 여길 가능성이 크다. 남들은 할 수 없는 내 이야기를 하는 것 자체가 퍼스널 브랜딩의 시작이다.

벤치마킹
그거 어떻게 하는 건데요?

콘텐츠 크리에이터에 관심이 생겼다면 흔히 듣는 이야기가 있다. 바로 벤치마킹할 채널을 찾으라는 것이다. '비슷한 주제의 채널 3개를 찾아 잘하고 있는 점이 무엇인지 분석하고, 차별화될 수 있는 나만의 강점은 무엇일지 한 번 생각해 보세요.'

처음 SNS 계정의 아이디에이션과 정체성을 결정할 땐 좋은 방법이다. 하지만 결과물을 만들어야 하는 실전 단계에서 여전히 막막할 수 있다.

나 또한 마찬가지였다. 유튜브에서 숏폼을 더 많이 노출시켜주면서 쇼츠를 업로드해 보기로 결심했다. 하지만 어떻게? 내레이션을 입힌다면 대본은 얼마큼의 분량으로 써야 하는지, 보는 이들로 하여금 지루하지 않게 화면 전환은 몇 초마다 해야하는지, 숏폼의 썸네일 문구는 어떤 위치와 크기가 가장 눈에 띌 수 있는지 등등. 완전 오리무중 상태였다!

이렇게 세부적인 요소들을 파악할 때 제일 좋은 방법은 직접 분해해 보는 것이다. 토요타도, 테슬라의 성공 요인을 파악하기 위해 Y 모델을 직접 해체해 보았다고 한다. 우리도 마찬가지다. 조회수가 잘 나온 영상만 보고 감으로 따라 하는 것이 아니다. 이 사람이 어떤 구성으로 대본을 짰는지, 화면은 어떻게 구성했는지 사고 흐름을 카피할 수 있어야 한다. 이 생각의 방식을 내 것으로 만들 수 있다면 나의 콘텐츠에도 적용할 수 있다.

그럼 내가 어떻게 다른 영상들을 분해하였는지 한 번 예시를 보자.

• **내레이션:** 다른 영상의 내레이션을 직접 듣고 받아 적어보았다. 1분 미만의 영상엔 몇 문장이 나오는지 세아려보았다. 보통 28~30문장 정도 나왔기에 나도 이를 기준으로 대본을 작성하였다.

19. 너무 잘보이더라구요

20. (태어나서 처음으로 별똥별 본 사람)

21. 강릉역에서 기차타고 15분만 가면

22. 바로 정동진인데

23. 와..진짜 멋졌습니다.

24. 마지막은 단오제!

25. 다른 명절엔 안오더라도

26. 단오제때만큼은 강릉에 온다는

27. 유명한 축제더라구요

28. 강릉에 초당순두부만 먹으러 가지 마시고

29. 제가 말했던 경험

30. 꼭 하나씩 해보세요

• **화면전환**: 계속해서 똑같은 영상만 나온다면 지루해 이탈률이 높아질 수 있다. 분석하고 싶은 영상을 녹화하여 편집 프로그램에 불러왔다. 그리고 화면전환이 이루어질 때마다 컷편집을 하여 대략 몇 초가 나오는지 체크해 보았다. 숏폼은 대게 3초 내외의 영상들로 구성된다는 걸 알 수 있었다.

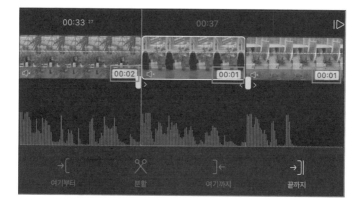

- **썸네일:** 잘 된 영상의 썸네일을 캡쳐해 편집 프로그램에 불러온다. 어떤 폰트인지 궁금하다면 무료 폰트 찾기 사이트를 이용하면 된다. 그리고 캡쳐 화면을 배경으로 삼아 위치와 크기를 그대로 흉내 내본다. 이때 외곽선이나 그림자 효과도 있다면 그대로 따라 해보길 바란다. 모방하며 나의 실력이 높아질 수 있다.

이렇듯 벤치마킹하면 감도 잡기 수월하고 빠르게 내 실력을 키울수 있다. 하지만 다른 콘텐츠를 100% 똑같이 따라 하는 건 좋지 않다. 도의적인 문제도 물론이거니와 이미 한 번 알고리즘을 탄 영상엔 사람들의 관심이 처음보단 덜할 수 밖에 없다. 그보다 그 영상을 이루는 구성요소를 습득하여 나만의 콘텐츠를 만들어가는 게 좋다.

- 무료 폰트 찾기 사이트: https://noonnu.cc/
- 영상 편집 프로그램: Vllo

스타벅스도 처음엔
지금의 모습이 아니었다

　모던하고 깔끔한 지금과 초창기의 스타벅스 모습이 많이 다르다
는 사실을 아는가?

　하워드 슐츠는 이태리 밀라노 거리에서 사람들이 커피를 마시는
것을 보고 스타벅스에 대한 영감을 얻었다고 한다. 그래서 그런지
처음의 스타벅스는 이탈리아를 연상시키는 요소들이 많았다. 이태
리어로 적힌 메뉴판, 매장에 울려 퍼지는 클래식 음악, 나비 넥타이
를 맨 직원, 가게에 비치된 일간 신문 등등.

　지금의 스타벅스 모습을 눈꼽만큼도 찾아볼 수 없다. 매장의 분위

기를 더 편안하게 만들기 위해, 직원들이 항상 착용하던 나비 넥타이를 없앴고 메뉴판도 손님들이 쉽게 읽고 주문할 수 있도록 영어로 바꿨다. 전 세계에서 사랑받는 브랜드 스타벅스도 계속해서 사람들의 니즈에 맞추어 변화해왔다. 우리라고 그렇게 못할 이유가 있을까?

어떤 이들은 너무 잘하고 싶은 마음에 처음부터 완벽한 계획과 구상을 하려고 한다. 하지만 그런 부담감은 잠시 내려놓아도 좋다. 조금씩 피봇팅 해보며 나에게 적합한 형태를 찾아가는 편이 훨씬 낫다.

'스타벅스는 대기업이잖아요! 똑똑한 직원들과 마케터들이 있어서 가능했던 거 아닐까요?'라고 반문할 수 있다. 그렇다면 내가 아는 인기 유튜버 중 한 명을 떠올려보자. 그리고 그 채널에 들어가 날짜순으로 영상을 한 번 쭉 봐보는 것이다. (오래 했을수록 좋다.)

지금은 누가 보더라도 완벽한 편집 실력과 기획력을 뽐내는 유튜버지만, 예전 영상만 보더라도 썸네일도 촌스럽고 편집도 많이 달라 새삼 놀랐던 적이 있다. 최근 전체적으로 사람들의 실력이 상향 평준화되어서 그렇지, 처음부터 완벽한 사람은 없다.

지금의 명성을 얻은 이들도 포기하지 않고 시도를 계속 해왔기에 현재의 모습이 될 수 있었던 것이다. 그러니 처음부터 끝까지 일관

되야한다고 지레 겁을 먹지 말자. 일단 시작한 후 끊임없이 배워나 가며 성장하면 된다. 당신의 시행착오를 항상 응원하고 싶다.

    ps. 오히려 구독자가 적은 초반일수록 이런저런 시도를 해도 아무도 모르기 에 더 이득이다.

에필로그

나는 지금 발리 우붓의 한 코워킹 스페이스에서 글을 쓰고 있다. 바로 앞엔 푸릇푸릇한 논이 펼쳐져 있고 옆엔 야자수들도 보인다. 발리의 8월은 그렇게 덥지 않아 그늘에 있으면 기분 좋은 바람이 선선히 불어온다.

약 1년 전만 하더라도 노트북 하나로 전세계 어디서든 일할 수 있는 디지털노마드가 되고 싶다고 얘기했는데, 정말로 꿈에 그리던 삶의 모습이 눈 앞에 펼쳐지니 감회가 새롭다. 앞으로도 내 힘이 닿는 데까진 자유롭게 전세계를 누비며, 돈도 벌며 살고 싶다.

내가 '자동화 머니 시스템'을 만든 진짜 이유는 자동화로 번 시간으로 이렇게 내가 원하는 순간을 마음껏 향유하기 위해서다. 돈은 결국 하나의 수단이지, 그 자체로 삶의 목적이 될 수 없다고 생각한다.

당신은 자동화로 번 시간과 에너지를 어디에 쓰고 싶은가? 살면서 진짜로 하고 싶은 일은 무엇인가? 난 여러분이 저축과 투자는 자동화 시스템에 맡겨둔 채, 삶의 진짜 목적을 찾는데 집중했으면 좋겠다.

지금 돌이켜보면 난 참 오랫동안 '~하면'이라는 말로 스스로의 행복을 무기한 유예시켜오며 살았다. '연봉 얼마 이상이 되면…', '유튜브 구독자 얼마가 되면…', '월에 얼마 이상을 벌게 되면…' 등등. 마치 이 소망을 모두 이루면 숨어있던 행복이 한 순간에 나타날 것처럼 믿었다.

그런데 내가 한 가지 깨달은 사실은 절대로 이 소망들이 영원히 끝나지 않을 거라는 거다. 하나를 이루면 또 다음 목표가 생길 것이고 또 이를 위해 잠시 현재는 미뤄둔 채 앞만 보고 달려나가기 바쁠 것이다.

결국 현재에 만족하고 일상에서 즐거움을 찾을 수 있는 사람이 목표를 이루어도 행복할 수 있는 것 같다.

이 책은 현재와 미래 모두를 놓치고 싶지 않은 사람들을 위해 썼다. 부디 당신만의 답을 찾았으면 좋겠다. 그럼 여러분의 인생이 꾸준히 우상향하기를 진심으로 기원하겠다.

부록

경제 & 재테크 추천 책 리스트

경제

- EBS 다큐프라임 자본주의

- 나의 첫 금리공부

- 세상 친절한 금리수업

- 부자아빠 가난한 아빠

- 딸아, 돈 공부 절대 미루지 마라

- 아빠의 첫 돈 공부

- 서울 자가에 대기업 다니는 김 부장 이야기

- 나의 꿈 부자 할머니

- 부의 삼각형

- 돈의 심리학

- 돈의 시나리오

- 투자하려면 경제신문

- 자동 부자 습관

- 돈은 좋지만 재테크는 겁나는 너에게

주식

- 나는 투자로 30년을 벌었다

- 미국주식 처음공부

- 워런 버핏의 주주 서한

- 브라질에 비가 내리면 스타벅스 주식을 사라

- 전설로 떠나는 월가의 영웅

- 저축은 답답하지만 투자는 무서운 당신에게

- 구루들의 투자법

- 당신의 투자가 심플했으면 좋겠습니다

배당주

- 잠든 사이 월급 버는 미국 배당주 투자

- 최강의 머니머신 미국 배당주 투자

- 배당주로 월 500만원 따박따박 받는 법

- 나는 배당투자로 매일 스타벅스 커피를 공짜로 마신다

부동산

- 나는 오늘도 경제적 자유를 꿈꾼다
- 월급쟁이 부자로 은퇴하라

환테크

- 나는 주식 대신 달러를 산다

- 달러 투자 무작정 따라하기

마인드셋

- 가장 빨리 부자 되는 법

- 언스크립티드 부의 추월차선

- 세이노의 가르침

- 레버리지

- 데카네기의 '자기관리론'

- 백만장자 메신저

- 부자의 그릇

- 비상식적 성공법칙

- 누가 내 치즈를 옮겼을까

- 백만장자 시크릿

- 아주 작은 반복의 힘

- 파리에서 도시락 파는 여자

- 게으른 뇌에 행동 스위치를 켜라

- 타이탄의 도구들

- 삶으로 다시 떠오르기

부업

- 나는 디지털노마드맘으로 살기로 했다

- 2배속으로 월급 독립

- 비즈니스 스테로이드

- 부의 치트키

마케팅

- 바로 매출이 오르는 판매마케팅 법칙

- 돈이 되는 말의 법칙

- 핑크펭귄

- 원 페이지 마케팅

- 무조건 팔리는 심리 마케팅 기술 100

경제 & 재테크 추천 콘텐츠 리스트

다큐

- EBS 다큐프라임 자본주의

- EBS 다큐프라임 돈의 얼굴

뉴스레터

- UPPITY (경제, 재테크, 사회초년생)

- BOODING (부동산)

유튜브 채널

- 소수몽키 (미국주식)

- 수페TV (배당주)

- 뿅글이 (사회초년생)

- 옌마드 (사회초년생)

- 시골쥐의 도시생활 (사회초년생)

- 서대리TV (주식, 연금저축)

- 주식쇼퍼 (주식)

- 환상감자 (배당주)

- 리치맘 라이프 (주식, 부동산)

- 세상학개론 (주식)

- 듣똑라 (시사상식, 경제)

- 스브스뉴스 (시사상식, 경제)

재테크 관련 도움되는 추천 사이트 리스트

1. 피델리티

 https://institutional.fidelity.com/app/item/RD_13569_40890/business-cycle-update.html?pos=T

주요 국가들의 경제 상황을 일목요연하게 볼 수 있다. (회복기, 호경기, 후퇴기, 불경기)

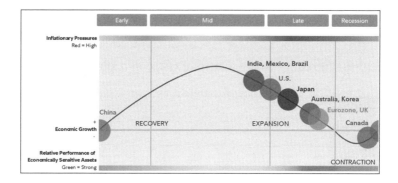

각 경제 사이클(회복기, 호경기, 후퇴기, 불경기)에서 강세를 보이는 산업을 한 눈에 표로 볼 수 있다.

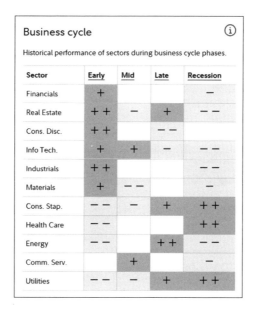

2. 시킹알파

 https://seekingalpha.com

미국 주식 투자자라면 꼭 북마크 해놓아야 할 필수 참고 사이트이다.

개별 기업 혹은 ETF를 검색하여 자세한 정보들을 살펴볼 수 있다.

게으르게 살지만 부자는 되고 싶어

3. 우리은행 기간별평균환율 조회

https://spot.wooribank.com/pot/Dream?withyou=CQIBG0047

5년 동안의 외화 평균환율을 확인할 수 있다. 평균환율을 확인한 후 현재의 환율이 비싼 축에 속하는지 저렴한 축에 속하는지 가늠할 수 있다.

통화표시	통화명	송금		현찰		매매 기준율	대미 환산율
		보내실때	받으실때	사실때	파실때		
USD	미국 달러	1,407.69	1,380.76	1,418.62	1,369.83	1,394.23	1.0000
JPY	일본 100엔	914.92	897.35	921.98	890.28	906.13	0.6499
EUR	유럽연합 유로	1,508.32	1,478.46	1,522.81	1,463.98	1,493.39	1.0712
GBP	영국 파운드	1,809.43	1,773.61	1,826.81	1,756.23	1,791.52	1.2850
CAD	캐나다 달러	1,010.40	990.41	1,020.11	980.70	1,000.41	0.7175
CHF	스위스 프랑	1,607.44	1,575.62	1,622.88	1,560.18	1,591.53	1.1416
HKD	홍콩 달러	181.07	177.50	182.81	175.76	179.29	0.1286
CNY	중국 위안	195.79	191.93	203.55	184.17	193.86	0.1391
THB	태국 바트	41.15	40.35	41.56	39.94	40.75	0.0292
IDR	인도네시아 100루피아	8.95	8.79	9.40	8.25	8.87	0.0064
SEK	스웨덴 크로네	130.08	127.51	131.37	126.22	128.80	0.0924
AUD	호주 달러	923.11	904.84	931.97	895.97	913.97	0.6556
DKK	덴마크 크로네	202.55	198.55	204.55	196.54	200.55	0.1439

4. 야후 파이낸스

 https://finance.yahoo.com

미국 주식과 관련하여 다양한 정보가 업로드 되는 곳이다. 주로 투자하고자 하는 기업의 지표를 볼 때 참고하는 편이다.

5. 각종 증권사 리포트 사이트

- 삼성증권 해외주식 리포트 (https://www.samsungpop.com/)

- 한화투자증권 리포트 (https://www.hanwhawm.com/main/research/main/list.cmd?depth3_id=anls19)

- 하나금융투자 글로벌 리서치 (https://www.hanaw.com/main/research/research/list.cmd?pid=8&cid=1)

- 키움증권 해외증시 (https://www1.kiwoom.com/h/invest/research/VAnalCCView?dummyVal=0)

6. ETFDB

 https://etfdb.com

ETF와 관련된 정보를 얻고 싶을 때 주로 이용하는 사이트이다.

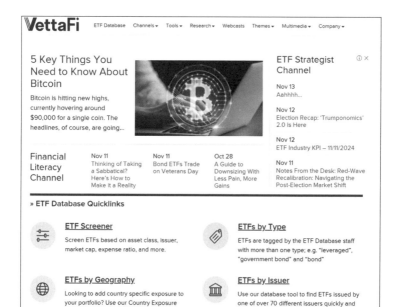

7. Dividend Power

 https://www.dividendpower.org/dividend-champions-2023-list

배당 블루칩, 배당 챔피언, 배당 귀족 리스트에 오른 기업들을 확인할 수 있는

사이트이다.

8. 핀비즈

 https://finviz.com

배당주 관련 정보를 얻고 싶을 때 활용하는 사이트이다. 내가 원하는 조건에 부

합하는 배당주 기업을 필터 검색하여 찾을 수 있다.

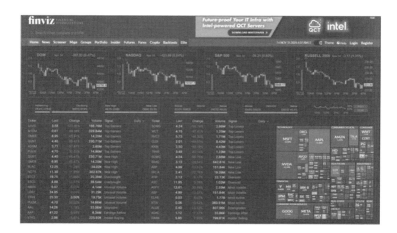

**게으르게 살지만
부자는 되고 싶어**

ⓒ예프리(박예슬)

초판 1쇄 발행 | 2025년 5월 12일
초판 2쇄 발행 | 2025년 6월 2일

지은이 | 예프리(박예슬)
마케팅 | 정호윤, 김민지
펴낸곳 | 모티브
이메일 | motive@billionairecorp.com

ISBN | 979-11-94600-11-4 (03320)